EL
ESLABÓN
PERDIDO

- EN LA TEOLOGÍA -

Segunda Edición

Julio A. Rodríguez

EL ESLABÓN PERDIDO

- En la Teología -

Copyright © Noviembre 2005

Por: Julio A. Rodríguez

Todos los derechos reservados

ISBN: 978-0-9779349-8-0

Las citas escriturales se han tomado de la Santa Biblia, versión Reina-Valera, 1960, Sociedades Bíblicas Unidas.

Diseño de Portada: Luz Ángela González

Impreso en los Estados Unidos de América.

Publicado por:

Editorial Nueva Vida, Inc.
53-21 37 Ave., Woodside, NY, 11377

- Primera Edición publicada en septiembre 2007
  - Segunda Edición Publicada en Julio 2009

"*Cuando el pecado abundó*

Sobreabundó

La Gracia"

(Romanos 5:20)

"...Y habiendo abierto el libro, halló el lugar
donde estaba escrito:
El Espíritu del Señor está sobre mí,
Por cuanto me ha ungido para dar buenas nuevas
a los pobres;
Me ha enviado a sanar a los quebrantados de corazón;
A pregonar libertad a los cautivos,
Y vista a los ciegos;
A poner en libertad a los oprimidos;
A predicar el año agradable del Señor"

(Lucas 4: 17b-19)

DEDICATORIA.

Al bendito Espíritu Santo, Quien me ha honrado al darme esta tarea tan especial de comunicar estas verdades; y Quien me ha tomado de la nada y me ha puesto a Su servicio, para la gloria del Señor Jesucristo y del Padre Celestial.

A todo ser humano de cualquier país, tribu, lengua o nación, dondequiera que se encuentre; para que, por la bondad de Dios, conozca el verdadero sentido de Su gracia ofrecida gratuitamente a toda la humanidad por causa del precio pagado por el Señor Jesucristo a través del sacrificio expiatorio que Él mismo, por amor, llevó a cabo en Su mismo cuerpo en la cruz del calvario y que el Padre aceptó para hacer la paz con los seres humanos y justificarlos delante de Él, de acuerdo a Su perfecta voluntad y santidad.

Con amor y por Su misericordia,

Pastor Julio Rodríguez

Es mi oración a Dios,
Que toda persona que lea este libro
Pueda tener una mente abierta
Y analizar los puntos bíblicamente,
Como son expuestos;
Y que sea el Espíritu de Verdad,
El Espíritu Santo,
Quien le guíe a toda la verdad.
(J.R.)

ÍNDICE DE CONTENIDO

PRÓLOGO

Son las 11:15 de la mañana de aquel último domingo del mes de junio, 2005. Estamos experimentando una gloriosa presencia del Señor. El Señor nos anima con una palabra en Isaías 60.

Nos dice:

"Levántate, resplandece; porque ha venido tu luz, y la gloria de Jehová ha nacido sobre ti. Porque he aquí que tinieblas cubrirán la tierra, y oscuridad las naciones; mas sobre ti amanecerá Jehová, y sobre ti será vista su gloria. Y andarán las naciones a tu luz, y los reyes al resplandor de tu nacimiento" (Isaías 60: 1-3)[1]

Más adelante le corresponde al pastor de los jóvenes traer el mensaje. Las personas estamos disfrutando del mover del Espíritu Santo de una manera muy especial.

Los oídos están prestos y la actitud es positiva. De repente, el predicador menciona un pasaje bíblico que se encuentra en el libro de Ester:

"Porque si callas absolutamente en este tiempo, respiro y liberación vendrá de alguna otra parte para los judíos; mas tú y la casa de tu padre pereceréis.

---

[1] Todas las citas bíblicas usadas en este trabajo han sido tomadas de la versión Reina-Valera, revisión 1960, de las Sociedades Bíblicas en América Latina; exceptuando donde específicamente se indique otra fuente.

¿Y quién sabe si para esta hora has llegado al reino? (Ester 4:14)

Ya la predicación se torna en una conversación personal con el Espíritu de Dios que me recuerda las diferentes maneras en las que me ha estado hablando.

Sé que debo tratar el tema y, a la verdad, no lo quiero hacer. Es muy conflictivo. Me identifico mucho con Moisés cuando Dios le decía que regresara a Egipto y se presentara ante Faraón.

Le pregunto, **¿por qué yo, Señor?** Si tú tienes grandes e influyentes predicadores y siervos, mundialmente reconocidos; ¿por qué no le mandas a ellos por lo menos que inicien el tema y luego yo me uniré a ellos?

El Señor es paciente y misericordioso y no se enoja conmigo; más bien comienza a darme algunas razones que tratarán de dar contesta a la pregunta que le hice.

Antes que nada, me recuerda que "si el grano de trigo no cae en la tierra y muere, queda solo; pero si muere, entonces lleva mucho fruto". Esa palabra "muere", es la causa de toda mi angustia.

He creído que he dejado todo para servirle a Él; que de alguna manera he muerto al Yo y a mis deseos, pero el Señor me indica que aún queda un área a la cual Él espera que yo muera: A mi seguridad en el ministerio; en otras palabras, a ser aceptado, amado y recibido.

Espera que yo le rinda mis expectativas y que espere solo en Él para el desarrollo de Su plan en este tiempo crucial.

Entre las palabras de respuesta de la reina Ester, estaban:

> "Y entonces entraré a ver al rey, aunque no sea conforme a la ley; y si perezco, que perezca"
> (Ester 4:16).

Sigo escuchando al predicador decir: "Éste es el tiempo, el *Kairós* de Dios". **¡Éste es el tiempo!**

El caso es éste:

Hace ya varios años que el Espíritu Santo me ha estado inquietando en un análisis de la Palabra que se sale de lo normal; que no va acorde a los mensajes que usualmente escucho o examino de personas que son muy ungidas y que Dios está usando poderosamente con señales y milagros a nivel mundial.

Tal vez esté de más decirlo: Es un tema espinoso y contradictorio

Dios me está hablando de una nueva manera de "**Tradición**" que ha ocupado el lugar de la verdad. Una tradición que está tan arraigada que es difícil hablar o incluso pensar que no sea la verdad.

Una tradición que ha sido más bien el resultado de una poderosa estrategia satánica que ha afectado y desacreditado el cristianismo a tal grado que hoy en día no tiene casi credibilidad en el mundo perdido y necesitado.

Dicha tradición hace un enfoque tan radical en la salvación humana, que pierde todo lo concerniente al temor de Dios y a cómo Él trata con los hombres.

Varias preguntas necesitan respuestas. Entre ellas están:

1. ¿Qué sucederá a una persona que muera sin haber recibido al Señor Jesucristo como su salvador personal, porque nadie le habló de Él? ¿Habrá alguna remota posibilidad de que Dios le permita ir al cielo?

2. ¿Qué pasará a las personas que, habiendo creído en Jesús, no dejan ciertas creencias religiosas que son aborrecidas por Dios; y sin embargo viven una fe sincera, practican la bondad y el amor cristiano, con la esperanza de que el Señor los recibirá en Su morada en aquel día?

3. ¿Qué pasará a aquellos que dicen ser cristianos pero que sus testimonios atentan contra Dios? ¿Entrarán al cielo de todas maneras?

Tal vez esté de más decirlo: Es un tema espinoso y contradictorio. Lo más fácil es decir lo que por tradición hemos escuchado y quizás aprendido; sin embargo, el Señor continúa hablándome: Es hora de decir **TODA** la verdad. **¡Es el tiempo!**

Hace dos semanas que recibí del Señor un reto. Él me preguntaba: **¿Estaría yo dispuesto a arriesgar mi reputación por causa de proclamar la verdad?**

Me recordaba que Cristo Jesús, en los tiempos que llamamos de "popularidad en su ministerio", dijo siempre la verdad (aunque fuera impopular) y como consecuencia, en muchas ocasiones lo trataron violentamente.

La respuesta, después de un momento de reflexión, fue un sí incondicional; aunque podía imaginarme la actitud y hasta la crítica de algunas personas que no comprendían lo que pasaba.

Por mucho tiempo he esperado que alguien más sea quien inicie el tema a nivel local, nacional o mundial. He buscado en la Internet para ver si alguien ha tomado ciertas iniciativas sobre el tema, pero hasta ahora no he encontrado la respuesta. He consultado muchos libros y puedo ver cómo es obviado el tema.

Aún en los comentarios bíblicos no encuentro a nadie que se haya atrevido a enfrentar esta tradición cristiana.

El Señor me decía:

"Si el grano de trigo no cae en la tierra y muere queda solo; pero si muere lleva mucho fruto".

El Espíritu Santo me hacía ver que, aunque en mi vida ministerial he tratado siempre de trabajar en equipo y de buscar consejos en toda materia necesaria; en lo que respecta a lo que Él me está pidiendo, tengo que ir solo.

Algo parecido a lo que vivió el Señor Jesucristo, que tuvo que ir solo a la cruz. Nadie pudo compartirla con Él. Ningún apóstol o seguidor; ni siquiera su madre.

El Señor me ha pedido que yo sacrifique a mi "Isaac" y espera que yo le obedezca como lo hizo Abraham, aunque no entienda el motivo que mueve a Dios a pedir eso.

Por mucho tiempo he esperado que alguien más sea quien inicie el tema a nivel local, nacional o mundial

En mi indecisión el Señor me recuerda que Él siempre está conmigo, que no me va a abandonar si apareciera algún vestigio de persecución. Que aunque tenga que andar en medio del fuego, Él va a proveer la protección necesaria para mantenerme a salvo.

Tengo que confiar en Él aún en los tiempos más difíciles; no debo temer a nada ni a nadie porque Él es mi Salvador.

El Señor nos pregunta a todos:

¿**Quién más** estaría dispuesto a abandonar su gran popularidad en el ámbito cristiano para enfrentar persecución, por causa de la verdad?

Acomodamiento de la verdad:
Una nueva forma de tradición

"El hijo honra al padre, y el siervo a
su señor. Si, pues,
soy yo padre,
¿dónde está mi
honra? y si soy
señor, **¿dónde está
mi temor?**
dice Jehová de los
ejércitos a
vosotros"
(Malaquías 1:6)

"El que camina en su rectitud **teme** a Jehová; Mas
el de caminos pervertidos lo menosprecia"
(Prov. 14:2)

"**El temor de Jehová** es el principio de la
sabiduría" (Prov. 9:10)

"Riquezas, honra y vida son la **remuneración** de la
humildad y del **temor de Jehová**" (Prov. 22:4)

En el evangelio de Marcos, Jesús enfrenta a los
religiosos y a todos los judíos de su tiempo, condenando
una práctica que habían establecido como si fuera válida
ante los ojos de Dios.

Él dijo:

"Hipócritas, bien profetizó de vosotros Isaías, como está escrito: Este pueblo de labios me honra, mas su corazón está lejos de mí."

"Pues en vano me honran, enseñando como doctrinas, mandamientos de hombres. Porque dejando el mandamiento de Dios os aferráis a la tradición de los hombres..."

"...Invalidando la Palabra de Dios con vuestra tradición que habéis transmitido..."
(Marcos 7: 6-8ª; 13ª)

El Señor me muestra que la nueva "**tradición**" que ha pasado por las últimas generaciones **son pensamientos e ideas doctrinales** que han sustituido el verdadero mensaje que Dios da en Su Palabra.

No debiera sorprendernos que el cristianismo haya perdido en gran medida su poderosa influencia en el mundo hasta el extremo que se habla que vivimos en la "Era post-cristiana". Esto es así porque con el transcurrir de los siglos, muchas expresiones han tomado cuerpo en el mundo cristiano provocando, sino un alejamiento en la mayoría por incredulidad, un sentido de frustración en muchos otros.

16

Una de dichas expresiones es la siguiente:

"La Biblia tiene **dos** formas de interpretarse y ambas, aunque se contradigan entre sí, concuerdan con lo que está escrito en ella"; (similar a lo que dice el relativismo humanista: "la verdad es relativa y depende del ángulo desde el cual la mires").

Esta expresión es mayormente usada por personas que analizan la Biblia tratando de entender los puntos de vista **calvinistas** o **arminianos**, los cuales exponemos brevemente a continuación:

Breve descripción de los 5 puntos Del Calvinismo y los 5 puntos Del Arminianismo

 **PRIMER PUNTO**

CALVINISMO: Depravación Total o Inhabilidad Total.

Debido a la caída, el hombre es incapaz él mismo de creer en el evangelio de la salvación. El pecador está muerto, ciego y sordo de las cosas de Dios. Su corazón es engañoso y desesperadamente corrupto. Su voluntad no es libre sino que está atada a su naturaleza maligna; por lo tanto, él no podrá elegir algo bueno de lo malo, en el ámbito espiritual. En consecuencia, toma mucho más que la sola asistencia del Espíritu Santo para traer un pecador a Cristo.

Debe darse la regeneración, mediante la cual el Espíritu Santo hace que el pecador viva y le da nueva naturaleza. La fe no es algo con lo que el hombre contribuye para su salvación; sino que es más bien parte del regalo mismo de la salvación.

ARMINIANISMO: Habilidad humana, Voluntad propia o Libre Albedrío.
Aunque la naturaleza humana fue seriamente afectada por la caída, el hombre no ha sido dejado en un estado de abandono espiritual total. Dios capacita graciosamente a

cada pecador para que pueda arrepentirse y creer, pero Él no interfiere con la libertad del hombre. Cada pecador posee una voluntad libre y su destino eterno depende de cómo la use.

La libertad del hombre consiste en su habilidad de elegir lo bueno sobre lo malo, en materia espiritual.

Su voluntad no está esclavizada a su naturaleza pecaminosa. El pecador tiene el poder para cooperar con el Espíritu Santo y ser regenerado, o puede resistir la gracia de Dios y perecer.

El pecador perdido necesita la asistencia del Espíritu Santo, pero no tiene que ser regenerado **antes** de que pueda creer; sino que el Espíritu Santo comienza un trabajo de regeneración, perfeccionamiento y santificación **después** que el pecador le entrega su vida a Dios. La fe es la contribución del hombre para su salvación.

 SEGUNDO PUNTO.

CALVINISMO: Elección Incondicional.

La elección de Dios para salvación en favor de ciertos individuos, desde antes de la fundación del mundo, descansó solamente en Su propia y soberana voluntad.

Su elección de algunos pecadores particulares no estuvo basada en que conoció de antemano ninguna respuesta u obediencia de parte del pecador; sino por el contrario, Dios le da la fe y el arrepentimiento a cada persona que

Él ya ha elegido. Estos actos son solo el resultado, no la causa, de la elección de Dios.

La elección, por lo tanto, no fue determinada ni condicionada por ninguna cualidad virtuosa ni por ninguna acción prevista por Dios en ningún hombre. Dios, a través del poder del Espíritu Santo, hace que todas aquellas personas a las que Él soberanamente ha elegido, reciban a Cristo.

ARMINIANISMO: Elección Condicional.

La elección que Dios ha hecho de ciertos individuos para la salvación, desde antes de la fundación del mundo, ha sido basada en la presciencia de Dios, al conocer cómo ellos responderían al llamado al arrepentimiento.

Dios eligió solamente a aquellos a quienes Él sabía que libremente elegirían creer en el evangelio y recibir a Cristo. La elección, por lo tanto, fue determinada y condicionada por lo que el hombre haría. Por lo tanto, la elección que el pecador hace por Cristo y no la elección que Dios hace por el pecador, es la causa última de la salvación.

 TERCER PUNTO

CALVINISMO: Expiación Limitada o Redención Particular.

El trabajo de redención que Cristo ha realizado tuvo la intención de salvar solamente a aquellas personas que

Dios había elegido salvar y por lo tanto ha asegurado la salvación para todos ellos. La muerte expiatoria de Cristo fue solamente para pagar el precio del pecado de ciertos pecadores.

Además de poner aparte el pecado de Su gente, la redención de Cristo aseguró todo lo necesario para que sean salvos, incluyendo la fe que los uniría a Él. El don de la fe es aplicado infaliblemente por el Espíritu Santo a todos aquellos elegidos y por los cuales Cristo murió; y les garantiza por ende, su salvación.

ARMINIANISMO: Expiación General o Redención Universal.

El trabajo de redención de Cristo ha dado la posibilidad a cada ser humano de ser salvo, pero no le ha asegurado la salvación a nadie. Aunque Cristo murió por todos y cada uno de los hombres, solamente aquellos que creen en Él serán salvos.

Su muerte ha permitido que Dios le perdone los pecados a cualquier pecador, con la condición de que crean en Cristo. La redención de Cristo viene a ser efectiva solamente si el hombre elige aceptarla.

 **CUARTO PUNTO.**

CALVINISMO: La Gracia Irresistible o el llamado eficaz del Espíritu Santo.

En adición al llamado general para salvación que se hace a todas las personas que escuchan el evangelio, el Espíritu Santo extiende un llamado interior especial a los elegidos, lo que inevitablemente les traerá la salvación.

El llamado general (el cual es hecho a todos los hombres, sin distinción) puede ser rechazado; sin embargo, el llamado particular (el cual es hecho solamente a los elegidos), no puede ser rechazado y siempre resulta en la conversión. A través de este llamado particular, el Espíritu Santo trae los pecadores a Cristo de una manera irresistible.

El Espíritu Santo no está limitado por la voluntad humana ni depende de ningún tipo de cooperación por parte del hombre, para tener éxito en Su trabajo de salvar a los hombres.

El Espíritu Santo, graciosamente, hace que los pecadores elegidos cooperen, crean, se arrepientan y vengan libre y voluntariamente, a Cristo. La gracia de Dios es invencible. Nunca falla en traer la salvación a aquellos a quienes Dios se las ha extendido.

ARMINIANISMO: El Espíritu Santo Puede Ser Resistido

El Espíritu Santo le hace un llamado interior a todos los que escuchan la invitación del evangelio; pero como el hombre tiene libertad para elegir, puede resistir el llamado que el Espíritu Santo le hace.

El Espíritu Santo no puede regenerar al pecador hasta que éste cree. La fe (la cual es la contribución del hombre), precede y hace posible el nuevo nacimiento. Por lo tanto, la libre voluntad del hombre limita al Espíritu Santo en la aplicación del trabajo salvador de Cristo.

El Espíritu Santo solamente puede rescatar a aquellos que se lo permiten. Mientras el pecador no responda adecuadamente, el Espíritu Santo no le puede dar vida. La gracia de Dios, por lo tanto, no es invencible. Puede ser, y con frecuencia lo es, resistida y frustrada por el hombre.

QUINTO PUNTO.

CALVINISMO: La Perseverancia de los Santos.

Todos aquellos que han sido elegidos por Dios, redimidos por Cristo y han recibido la fe que da el Espíritu Santo, son eternamente salvos. Son mantenidos en la fe por el poder de Dios y todos perseverarán hasta el final.

ARMINIANISMO: Se Puede Caer de la Gracia.

Todos aquellos que han creído y han sido salvos, pueden perder su salvación si no mantienen la fe en Cristo y perseveran hasta el final.

>>> **Como podemos apreciar**, la discusión sobre la extensión de la Salvación en Cristo ha sido, desafortunadamente, enmarcada en el contexto de dos posiciones polarizadas: **expiación limitada versus expiación ilimitada**.

Típicamente, aquellos en favor de cualquiera de estas dos corrientes teológicas hacen su enfoque bíblico en las porciones de las Escrituras que parece darles a ellos la razón.

Vemos con asombro cómo se ha infiltrado en el cristianismo la teoría relativista secular; la cual, por considerar que la moral no existe, dice que "nada es correcto ni incorrecto sino que todo depende del cristal con que se mira". Esta manera de pensar no está bien; pues está claro que la verdad es una sola, inviolable e indestructible

Es como decir que si tú crees en algo y tu conciencia no te acusa, eso está correcto para ti aunque para otra persona que tenga una opinión diametralmente contraria a la tuya, si cree algo y su conciencia no le acusa tampoco, entonces eso también estaría correcto.

Esta manera de pensar no está bien; pues está claro que la verdad es una sola, inviolable e indestructible; y no debe haber confusión en cuanto a la misma. La verdad es Jesucristo mismo y Él es el único que puede revelar los misterios de la vida. Estamos 100% seguros que Dios ha dado la revelación de la verdad a toda la humanidad.

La Biblia declara que:

"Las cosas secretas pertenecen a Jehová nuestro Dios; mas las reveladas son para nosotros y para nuestros hijos para siempre para que cumplamos todas las palabras de esta ley" (Deuteronomio 29:29)

Y también:

"Mi pueblo fue destruido porque le faltó conocimiento" (Oseas 4:6)

Por decirlo así, los que han sido enseñados bajo la forma de **pensamiento calvinista** creen que ellos forman parte de un grupo de elegidos por Dios y que no importa lo que hagan o dejen de hacer, el cielo está asegurado para ellos; por otro lado, los que son enseñados en la **corriente arminiana** creen que nadie está seguro de ir al cielo porque depende de si uno se mantiene o no en santidad y sin caídas (en el pecado).

Cuando una persona viene a los pies del Señor y recibe la gracia de la salvación, normalmente dicha persona es instruida en alguna iglesia y en poco tiempo comenzará a reflejar en sus acciones, manera de hablar, etc., la corriente en la cual está siendo cristianamente "adoctrinada".

Estamos 100% seguros que Dios ha dado la revelación de la verdad a toda la humanidad.

Cuando el **ciudadano común** analiza lo que es la vida y se hace preguntas sobre su porvenir desde que parta de esta tierra, normalmente buscará orientarse en el mundo de la religión y tarde o temprano se verá sumergido en un mar de opiniones y creencias contradictorias.

Encontrará que hay tantas religiones y sectas que quedará inquieto sobre quién realmente conoce y practica la verdad (Y hasta llegará a preguntarse si realmente existe la verdad absoluta)

Normalmente, en el mundo cristiano todos hablamos de Cristo y de su obra redentora; sin embargo, hay muchas acusaciones entre unos y otros (porque depende de la manera en que comprende o le hayan enseñado las Escrituras); y en vez de mostrar al mundo el amor, la unidad y la paz, confundimos a los que recurren a las iglesias en busca de respuestas.

Aunque predicamos a Jesús, no vivimos de acuerdo a las palabras de Jesús.

Es para nosotros también la pregunta que el Señor hizo en una ocasión:

¿Por qué me llamáis, Señor, Señor, **y no hacéis** lo que yo digo? (Lucas 6:46)

¿Qué haremos?

Lo primero y más fundamental, es regresar a la Palabra. Debemos saber por qué no caminamos como Dios quiere y debemos hacer los ajustes necesarios.

¿Qué nos habrán dicho y creímos, que no es respaldado por la Palabra de Dios? ¿Lo creímos solo porque la persona que lo dijo era muy influyente, importante o instruida?

¿Mantendremos, o no, nuestra fidelidad a la Palabra de Dios?

Recordemos lo que nos dice el apóstol Pablo:

> "Pero el hombre natural no percibe las cosas que son del Espíritu de Dios, porque para él son locura, y no las puede entender, porque se han de discernir espiritualmente. En cambio el espiritual juzga todas las cosas; pero él no es juzgado de nadie."
> (1 Cor. 2: 14-15)

Debemos ser muy **cautelosos** al estudiar la Biblia y es muy importante que busquemos el **balance escritural de Dios** en cualquier doctrina. Esto ayudará a evitar los extremos que normalmente lo que hacen es traer frustración a los creyentes en lugar de edificación, en su caminar con Dios.

Aprendamos a mirar la Biblia como un todo y no nos detengamos solo en una porción (principalmente cuando la revelación no es muy clara o es ambigua) Dios quiere que todos vengamos al conocimiento de toda la verdad.

El rey David decía:

> "Venid, hijos, oídme; **El temor de Jehová** os enseñaré. ¿Quién es el hombre que desea vida, Que desea muchos días para ver el bien? Guarda tu lengua del mal, Y tus labios de hablar engaño. Apártate del mal, y haz el bien; Busca la paz, y síguela" (Salmo 34: 11-14)

El Señor me ha mostrado que a lo que el mundo está llamando "Era post-cristiana", Él le llama:

"Era de Renovación Del Cristianismo"

Dando a entender que aún le esperan tiempos gloriosos a la iglesia de Dios en la tierra.

Oro al Señor que todos podamos ser parte de este mover de Dios sobre toda la faz de la tierra.

Una Palabra Clave

En el evangelio de Juan hay una palabra que puede traer gran luz a nuestro entendimiento. Jesús dijo:

"Yo soy el camino, y la verdad, y la vida; nadie viene al Padre, sino **por** mí" (Juan 14:6)

La palabra clave que aquí queremos analizar es "**POR**" (Gr. "*dia*")

Esta palabra tiene <u>doble significado</u>. Por un lado significa **"por medio de"** o "a través de"; y por el otro significa **"por causa de"** o "por lo que ha sido hecho".

Comprobaremos que **ambos** significados son válidos en la obra redentora de Jesús.

Normalmente escuchamos o pensamos como válido solo el **primer significado**. Tradicionalmente entendemos que Jesús *dijo "nadie viene al Padre **sino es a través o por medio** de mí"*.

- Es con esa interpretación que comienzan las inquietudes cuando queremos saber qué provisión tuvo Dios para las personas que viven en algún lugar remoto del planeta, y que nunca nadie les habla de Cristo.

- Ellos viven una vida "normal" según la cultura en la que son criados; sin embargo, **¿cómo podrían ir al cielo si murieron sin que nadie les hablara nunca de Cristo?**

Démonos cuenta que si analizáramos el versículo con el **segundo significado** de la palabra "por", podríamos interpretarlo así: *"nadie viene al Padre sino por causa de mí"*.

En otras palabras, Jesús nos dice que si Él no hubiera culminado con éxito su misión de redención de la humanidad, nadie hubiera podido entrar al cielo, nunca. Ni siquiera el rey David ni tampoco Abraham.

Jesús dijo en aquel tiempo que los justos estaban esperando en el **"Seno de Abraham"** (Lucas 16:22) y no podían subir al cielo a menos que Jesús venciera a Satanás y restaurara entonces todas las cosas.

Analicemos por un momento lo que sucedió:

ADAN	CRISTO
No existía (Gén. 2:5);	Eternamente existía (Jn 1:1)
fue hecho del polvo (Gén. 2:7) y se le dio el reinado (Gén. 1:28; 2:19)	Siendo en forma de Dios, se despojó a sí mismo; tomó forma de siervo y se humilló a sí mismo (Filip. 2: 6-8)
Vivió en un paraíso, sin necesidades, sin presiones, sin ataques (Gén. 2: 15-16);	Vivió en una época muy peligrosa; sufrió violencia y persecución (desde que ingresó al vientre de su madre hubo amenazas de muerte contra Él).
Y con todo, se dejó vencer por el maligno y desobedeció	Con todo, se mantuvo obediente hasta la hora de su muerte, y muerte de cruz.
En medio de la abundancia lo perdió todo (Gén. 3: 23-24)	En la ignominiosa cruz ganó la redención de todo lo que Adán había perdido; derrotó a Satanás y a toda fuerza del mal (Colos. 2:15)

También nos dice la Palabra que, durante el tiempo que el cuerpo de Jesús estuvo en la tumba, el Señor **"fue y predicó a los espíritus encarcelados"** (1 Pedro 3:19);

Y en Efesios 4 nos declara:

"Por lo cual dice: Subiendo a lo alto, llevó cautiva la cautividad, y dio dones a los hombres..."
(Efesios 4: 8-10)

Todos aquellos que murieron con la esperanza de que Dios sería fiel a Su promesa, ya no están en el Seno de Abraham; **¡Jesús los llevó al cielo!**

Nos dice también que **a Jesús, por lo que hizo y logró:**

"Dios le exaltó hasta lo sumo, y le dio un nombre que es sobre todo nombre, para que en el nombre de Jesús se doble toda rodilla de los que están en los cielos, y en la tierra, y debajo de la tierra; y toda lengua confiese que Jesucristo es el Señor, para gloria de Dios Padre"** (Filip. 2: 9-11)

"Quien (Jesús) habiendo subido al cielo está a la diestra de Dios; y **a Él están sujetos ángeles, autoridades y potestades**" (1 Pedro 3:22)

"Y uno de los ancianos me dijo: No llores. He aquí que el León de la tribu de Judá, la raíz de David, **ha vencido** para abrir el libro y desatar sus siete sellos..."

"... Y a todo lo creado que está en el cielo, y sobre la tierra, y debajo de la tierra, y en el mar, y a todas las cosas que en ellos hay, oí decir: **Al que está sentado en el trono, y al Cordero**, sea la alabanza, la honra, la gloria y el poder, por los siglos de los siglos. Los cuatro seres vivientes decían: Amén; y los veinticuatro ancianos se postraron sobre sus rostros y adoraron al que vive por los siglos de los siglos." (Apocalipsis 5: 5-14)

En la Biblia encontramos un versículo que contiene una gran revelación y nos da a entender que **en los cielos también había algo pendiente,** que necesitaba ser reconciliado; y que fue logrado cuando Jesús murió en la cruz.

Nos dice:

"y por medio de Él (Cristo) **reconciliar** consigo todas las cosas, así las que están en la tierra como las que **están en los cielos**, haciendo la paz mediante la sangre de su cruz" (Colosenses 1:20)

¿Qué era aquello?

La Biblia declara que una vez hubo una rebelión en el cielo y que el promotor fue, nada más y nada menos que Satanás, quien era un querubín **"perfecto en todos sus caminos desde el día que fue creado, hasta que se halló en él maldad"** (Ezequiel 28:15) y que fue echado fuera del cielo.

Isaías dice lo siguiente:

"Mas tú derribado eres hasta el Seol, a los lados del abismo" (Isaías 14:15)

[Para edificación del lector, transcribiré los pasajes Que hablan de este acontecimiento, En Ezequiel 28 y en Isaías 14]:

Ezequiel 28: 12b – 19

"Así ha dicho Jehová el Señor: Tú eras el sello de la perfección, lleno de sabiduría, y acabado de hermosura. En Edén, en el huerto de Dios estuviste; de toda piedra preciosa era tu vestidura; de cornerina, topacio, jaspe, crisólito, berilo y ónice; de zafiro, carbunclo, esmeralda y oro; los primores de tus tamboriles y flautas estuvieron preparados para ti en el día de tu creación."

"Tú, querubín grande, protector, yo te puse en el santo monte de Dios, allí estuviste; en medio de las piedras de fuego te paseabas.

Perfecto eras en todos tus caminos desde el día que fuiste creado, hasta que se halló en ti maldad."

"A causa de la multitud de tus contrataciones fuiste lleno de iniquidad, y pecaste; por lo que yo te eché del monte de Dios, y te arrojé de entre las piedras del fuego, oh querubín protector.

Se enalteció tu corazón a causa de tu hermosura, corrompiste tu sabiduría a causa de tu esplendor; yo te arrojaré por tierra; delante de los reyes te pondré para que miren en ti."

"Con la multitud de tus maldades y con la iniquidad de tus contrataciones profanaste tu santuario; yo, pues, saqué fuego de en medio de ti, el cual te consumió, y te puse en ceniza sobre la tierra a los ojos de todos los que te miran.

Todos los que te conocieron de entre los pueblos se maravillarán sobre ti; espanto serás, y para siempre dejarás de ser."

Isaías 14: 12-15

"¡Cómo caíste del cielo, oh Lucero, hijo de la mañana! Cortado fuiste por tierra, tú que debilitabas a las naciones. Tú que decías en tu corazón: Subiré al cielo; en lo alto, junto a las estrellas de Dios, levantaré mi trono, y en el monte del testimonio me sentaré, a los lados del norte; sobre las alturas de las nubes subiré, y seré semejante al Altísimo.
Mas tú derribado eres hasta el Seol, a los lados del abismo."

Cuando Jesús venció en la cruz, en los cielos hubo una paz extraordinaria. El sabor de la acción que Dios determinó contra Lucifer dejó de parecer injusta o muy estricta. **Ahora se conocía que Dios actuó en justicia perfecta**.

Jesús demostró que es posible ser obediente a Dios siempre, aún en los momentos más terribles.

Jesús, con su obediencia perfecta, restauró el verdadero sentido de la justicia de Dios.

Lucifer desobedeció y se rebeló; Adán desobedeció y pecó.

Jesús siempre fue obediente y conquistó.

¡La **obediencia** trae
La **victoria**
Y la **paz!**

Creer, Confiar y Obedecer deben ser palabras marcadas en nuestras vidas.

En el próximo capítulo estaremos analizando una doctrina central que trata de explicar el por qué los seres humanos desobedecemos y pecamos.

Una doctrina que afectó la historia: "El Pecado Original"

Procedamos a analizar un tema que ha **sido la base para traer gran confusión** en el mundo cristiano y, por demás está decir, muchas almas no vienen a Cristo y reciben la gracia de Dios por lo que dice esa teología. Hablaremos de lo que ha sido aceptado en el cristianismo como la **"Doctrina del Pecado Original"**.

La Biblia nos enseña en el libro de los Romanos:

"Por tanto, **como el pecado entró en el mundo por un hombre**, y por el pecado la muerte, así la muerte pasó a todos los hombres, por cuanto todos pecaron"

"Pues si por la trasgresión de uno solo reinó la muerte, **mucho más reinarán en vida por uno solo, Jesucristo**, los que reciben la abundancia de la gracia y del don de la justicia"

"Así que, como por la trasgresión de uno vino la condenación a todos los hombres, de la misma manera **por la justicia de uno vino a todos los hombres la justificación de vida**"

"Porque así como por la desobediencia de un hombre los muchos fueron constituidos pecadores, así también por la obediencia de uno, los muchos serán constituidos justos." (Romanos 5: 12, 17-19)

Es interesante ver que **en el mismo capítulo** de donde sale principalmente el sentido de la doctrina del pecado original (v. 12), la Biblia dice que por los méritos de Cristo, la justificación de vida está ahora disponible para todos los hombres (v. 18), con tal que reciban la gracia y el perdón de Dios.

"Y el Espíritu y la Esposa dicen: Ven. Y el que oye, diga: Ven. Y el que tiene sed, venga; y el que quiera, tome del agua de la vida gratuitamente" (Apocalipsis 22:17)

Los que enseñan la doctrina del pecado original dan a entender (quizás sin saberlo), que es más poderoso el **pecado** de Adán que el **triunfo** de Cristo.

Nos han enseñado que el pecado de Adán contaminó a toda la raza humana y que desde el nacimiento estamos manchados con dicho pecado. Sin embargo, la Biblia declara que **Jesús quitó los efectos del pecado de Adán** que pesaban sobre la humanidad:

"Cristo nos redimió de la maldición de la ley, hecho por nosotros maldición (porque está escrito: Maldito todo el que es colgado en un madero"
(Gálatas 3:13)

También nos dice la Palabra:

"Y a vosotros, estando muertos en pecados y en la incircuncisión de vuestra carne, **os dio vida** juntamente con Él, perdonándoos todos los pecados, **anulando el acta** de los decretos que había contra nosotros, que nos era contraria, quitándola de en medio y clavándola en la cruz, y despojando a los principados y a las potestades, los exhibió públicamente, triunfando sobre ellos en la cruz"
(Colosenses 2: 13-15)

Los que enseñan la doctrina del pecado original dan a entender (quizás sin saberlo), que es más poderoso el pecado de Adán que el triunfo de Cristo.

¿Cómo empezó todo?

Veamos una porción de la Historia, según algunas fuentes confiables:

- "Era la fe universal de la iglesia que el hombre era hecho a la imagen de Dios, puro y santo, y cayó por su propia culpa. Pero la magnitud del pecado y las consecuencias de la caída no se discutieron totalmente antes de la controversia de Pelagio-Agustín en el quinto siglo."

- (Fuente: Philip SCAF. La historia de la Iglesia cristiana, Vol II P 246)

- "En la historia de la humanidad, la teología de la depravación se ha interpretado como proveniente de Adán. Agustín, (354-430 d. C.) acreditado con formular el concepto de pecado original, sostuvo que la caída de Adán corrompió al hombre, haciendo a la raza humana una masa de pecado. El hombre heredó ambos: La tendencia a pecar y la culpa, porque en el pecado de Adán la raza entera pecó" (Fuente: ISBE, 1979)

- "Pelagio (370-440AD) rechazando los argumentos de aquellos que exigieron que ellos pecaron debido a la debilidad humana, insistió que Dios hizo a los seres humanos libres para escoger entre lo bueno y lo malo; y que el pecado es voluntario. Celestius, un discípulo de Pelagio, negó la doctrina de la iglesia del pecado original y la necesidad del Bautismo infantil"

- "Él (Pelagio) culpó la laxidad moral de Roma en la doctrina de gracia divina (como enseñado por Agustín) Él atacó esta enseñanza en las tierras que puso en peligro la ley moral entera. Él razonó que si un hombre no fuera responsable de sus hechos buenos y malos, nada podría refrenarlo de la indulgencia en el pecado. Pronto Pelagio ganó un considerable número de seguidores en Roma" (Fuente: Británica 1979 VII, Pág. 837-8)

Cuando analizamos las Escrituras, encontramos que:

- Adán y Eva fueron creados en estado de inocencia y **eran buenos** (Génesis 1: 27, 31)

- La Palabra de Dios nos enseña que hay un tiempo en la vida de una persona, cuando no está capacitado aún para elegir entre el bien y el mal (Deut. 1:39) Y no saben **desechar lo malo y escoger lo bueno** (Isaías 7: 15-16)

- El pecado cometido personalmente es lo que separa de Dios a la persona que lo cometió (Isaías 59: 1-2)

- Dios nos asegura que las consecuencias espirituales que vienen por el pecar, recaerán sobre la persona que cometió el pecado. Él dijo: **"El alma que pecare, ésa morirá"** (Ezequiel 18: 2-4, 20)

- Jesús usó a los niños como modelo de humildad (Mateo 18: 2-4)

- Jesús también dijo que el reino de los cielos es de los niños
  (Marcos 10: 14-15)

- El apóstol Pablo usa a los niños como modelo de pureza (1 Corintios 14:20)

- Dios juzgará a cada persona de acuerdo a las palabras ociosas que diga y por sus propias acciones (Mateo 12: 36-37; Romanos 2:6; 2 Cor. 5:10; Apoc. 20: 12-15)

- Cristo Jesús pagó el precio que Dios exigía para poder quitar el pecado de Adán (Romanos 5: 15-21; Hebreos 9) Él es el segundo Adán (1 Cor. 15: 45-49) que vino del cielo a restaurar lo que el primer Adán había perdido (Mateo 18:11), y nos redimió de la maldición (Gálatas 3:13)

Es un hecho que ni Jesús ni los primeros cristianos creían ni enseñaban que los niños recién nacidos venían a este mundo siendo ya pecadores, merecedores del infierno; sino que dicha doctrina fue introducida en el **siglo V** de nuestra era; por lo tanto, deberíamos creer y entender que en los anteriores versículos la Biblia nos está diciendo:

"Que todos los seres humanos **nacen** en un estado de **inocencia**, al igual que sucedió con Adán en el huerto del Edén (significando que **ningún bebé que muere va al infierno sino al cielo**);

Y que cuando la persona, después que tiene capacidad para discernir entre el bien y el mal, ejerciendo su libre albedrío toma la opción de desobedecer a Dios y se corrompe, sufre la muerte espiritual hasta que se arrepienta y reciba, también voluntariamente, la gracia del perdón y justificación de Dios a través de Cristo Jesús".

El caso del rey David

Cuando leemos el Salmo 51, podríamos estar **predispuestos** a creer que David dice que él pecó antes de nacer (al ser concebido); sin embargo, al analizar la situación, logramos tener un entendimiento superior sobre lo que él está hablando

Él dijo:

> "He aquí, en maldad he sido formado, Y en pecado me concibió mi madre" (Salmo 51:5)

Veremos que David se está refiriendo al pecado de su madre y no a ningún pecado que él haya cometido por el hecho de nacer.

He aquí algunos versículos claves:

1 Samuel 12:12

"Y habiendo visto que **Nahas** rey de los hijos de Amón venía contra vosotros, me dijisteis: No, sino que ha de reinar sobre nosotros un rey; siendo así que Jehová vuestro Dios era vuestro rey."

2 Samuel 17:25

"Y Absalón nombró a Amasa jefe del ejército en lugar de Joab. Amasa era hijo de un varón de Israel llamado Itra, el cual se había llegado a **Abigail hija de Nahas, hermana de Sarvia** madre de Joab."

En estos anteriores versículos, la Biblia nos dice que el rey amonita **Nahas** tenía dos hijas llamadas **Abigail** y **Sarvia**.

Ahora leamos estos versículos:

1 Crónicas 2: 13-17

> "**Isaí engendró a** Eliab su primogénito, el segundo Abinadab, Simea el tercero, el cuarto Natanael, el quinto Radai, el sexto Ozem, el séptimo **David**, de los cuales **Sarvia y Abigail fueron hermanas**. Los hijos de Sarvia fueron tres: Abisai, Joab y Asael. Abigail dio a luz a Amasa, cuyo padre fue Jeter ismaelita"

Lo que estos versículos nos declaran es que **la madre de David era mujer del rey Nahas** y que cometió adulterio con Isaí.

David se está refiriendo a lo que pasó con su madre

Fruto de dicha relación, nació David.

Esto nos aclara mejor el por qué Isaí no quiso presentar a David a Samuel (1 Samuel 16: 1-13), cuando éste fue a su casa a ungir uno de sus hijos como el futuro rey de Israel:

> "Entonces dijo Samuel a Isaí: ¿Son éstos todos tus hijos? Y él respondió: Queda aún el menor, que apacienta las ovejas. Y dijo Samuel a Isaí: Envía por él, porque no nos sentaremos a la mesa hasta que él venga aquí." (1 Samuel 16:11)

También nos aclara mejor el por qué los hermanos de David lo menospreciaban:

> "Y oyéndole hablar Eliab su hermano mayor con aquellos hombres, se encendió en ira contra David y dijo: ¿Para qué has descendido acá? ¿Y a quién has dejado aquellas pocas ovejas en el desierto? Yo conozco tu soberbia y la malicia de tu corazón, que para ver la batalla has venido." (1 Sam. 17:28).

También podemos entender mejor el por qué David no nombró a ninguno de sus hermanos como jefe de su ejército, sino a los hijos de sus hermanas; y también por qué el rey Nahas tenía un especial aprecio por David y le había "mostrado misericordia":

> "Después de estas cosas aconteció que murió Nahas rey de los hijos de Amón, y reinó en su lugar su hijo.
>
> Y dijo David: Manifestaré misericordia con Hanún hijo de Nahas, porque también su padre me mostró misericordia. Así David envió embajadores que lo consolasen de la muerte de su padre. Pero cuando llegaron los siervos de David a la tierra de los hijos de Amón a Hanún, para consolarle"
> (1 Crónicas 19: 1-2)

El Señor Jesús nos dice:

"Escudriñad las Escrituras" (Juan 5:39)...

...Y es precisamente eso lo que haremos en el desarrollo de este libro.

Vamos a profundizarnos en las aguas de la revelación bíblica, donde encontraremos algunos detalles mostrados por Dios y que normalmente están lejos del conocimiento humano.

Procedamos a analizar la **gracia** de Dios y la **salvación** con un enfoque totalmente bíblico, pero diferente a lo que estamos acostumbrados a escuchar.

La Salvación.

Una historia que sigue escribiéndose

Si hay una historia clave que sigue la Biblia desde el principio cuando narra la desgracia de la caída del hombre por causa de la desobediencia, es la historia de la salvación.

Podemos ver cómo, antes de Dios expulsar a Adán y a Eva del paraíso, les dio una promesa de redención cuando le aseguró a la serpiente *(a Satanás, según Apocalipsis 12:9 y Ezequiel 28:13)* que la simiente de la mujer le heriría en la cabeza.

Estaba también profetizado que algún día nacería un niño de una virgen:

"Por tanto, el Señor mismo os dará señal: He aquí que la virgen concebirá, y dará a luz un hijo, y llamará su nombre Emmanuel (que significa "Dios con nosotros")" (Isaías 7:14)

También nos dice Isaías que este niño sería un príncipe y que sería conocido de manera muy especial:

"Porque un niño nos es nacido, hijo nos es dado, y el principado sobre su hombro; y se llamará su nombre Admirable, Consejero, Dios fuerte, Padre eterno, Príncipe de paz" (Isaías 9:6)

La Biblia declara que Jesús nació de una mujer que era virgen; de **María**, la mujer favorecida por Dios y bendita entre todas las mujeres según las propias palabras que le declaró el ángel Gabriel (Lucas 1:28)

Jesús nació, creció y cumplió todo el propósito para el cual vino a este mundo: **Redimir** la humanidad y **restaurar** todas las cosas.

El apóstol Pedro dijo una vez:

"Este Jesús es la piedra reprobada por vosotros los edificadores, la cual ha venido a ser cabeza del ángulo; y **en ningún otro hay salvación**, porque no hay otro nombre bajo el cielo, dado a los hombres, en que podamos ser salvos" (Hechos 4: 11-12)

Por otro lado, el apóstol Pablo declara:

"Esta es la palabra de fe que predicamos: que si confesares con tu boca que Jesús es el Señor, y creyeres en tu corazón que Dios le levantó de los muertos, serás salvo... **porque todo aquel que invocare el nombre del Señor, será salvo**" (Romanos 10: 8b-13)

Mientras que el mismo Jesús dijo:

"Porque de tal manera amó Dios al mundo, que ha dado a su Hijo unigénito, **para que todo aquel que en Él cree**, no se pierda, mas tenga vida eterna. Porque no envió Dios a su Hijo al mundo para condenar al mundo, sino para que el mundo sea salvo por Él." (Juan 3: 16-17)

"Porque he descendido del cielo, no para hacer mi voluntad, sino la voluntad del que me envió; Y **esta es la voluntad** del que me ha enviado: Que todo aquél que ve al Hijo, y cree en Él, tenga vida eterna; y yo le resucitaré en el día postrero."(Juan 6: 38-40)

"Al que oye mis palabras, y no las guarda, yo no le juzgo; porque no he venido a juzgar al mundo, **sino a salvar** al mundo." (Juan 12:47)

Debemos tener en cuenta que hay una gran revelación en estas palabras.

Todos ellos están hablando de una salvación que está disponible para **todos** los seres humanos que crean en el nombre de Jesús y reconozcan Su señorío. No importa de qué raza sean o cuál posición social tengan. Pero no siempre fue así.

Hubo un tiempo cuando las promesas de Dios eran exclusivas de un solo pueblo: Los Judíos. Para comprender un poco el por qué Dios hizo eso, debemos recurrir a lo que nos narra la historia bíblica.

> Todos ellos están hablando de una salvación que está disponible para **todos** los seres humanos que crean en el nombre de Jesús y reconozcan Su señorío

Breve análisis histórico.

Analicemos brevemente algunos acontecimientos en la línea del tiempo:

En la Creación, Dios ubicó a Adán en el Edén o Paraíso; luego le hizo una mujer y los casó (Génesis 2: 7, 8, 15, 18, 21-25)

Les dio además **una bendición** (Gén. 1:28) por pura gracia y por amor, pues Dios los había creado para que tuvieran comunión con Él.

Cuando el hombre desobedeció el mandamiento de Dios, entró la maldición a la humanidad, a la tierra y a la serpiente   (Génesis 3: 3-17)

La humanidad llegó a tal grado de corrupción que a Dios le dolió en su corazón haber hecho hombre en la tierra (Génesis 6:6) y determinó destruir todo lo que había en la tierra: hombres, bestias, reptiles, aves… ¡Todo!

Sin embargo, viviendo en medio de una sociedad tan pecadora, hubo un hombre que halló gracia ante los ojos de Dios (Gen. 6:8) porque amaba a Dios, lo buscaba y quería agradarle. **Ese hombre se llamó Noé.**

Dios hizo un pacto con Noé (Génesis 6:18; 9:9) **y le pasó la bendición** (Gén. 9:1) que había dado antes a Adán y a Eva.

Ahora bien, en esta segunda bendición que Dios le dio a la humanidad por medio de Noé, no le devolvió el **señorío** que Satanás les había arrebatado (comparar Génesis 1:28 con Génesis 9:1).

Es por esto que cuando Satanás le dijo esto al Señor Jesús cuando le estaba tentando en el desierto (Lucas 4: 5-6), el Señor no le indicó que estuviera mintiendo sino que en cierta manera reconocía que, lamentablemente, era cierto que Satanás tenía dicho dominio.

No obstante, la Biblia nos declara que luego, **cuando Cristo Jesús murió en la cruz, le arrebató a Satanás dicha autoridad** (Colosenses 2:15; Apocalipsis 5:5) **y ahora la comparte con la Iglesia** (Efesios 1:19-23; 2:6; 3: 10-12)

La firmeza trae recompensas.

Dios es Justo; **vale la pena vivir sin dejarse arrastrar por las corrientes del mundo**. Una persona que viva correctamente será recompensada. Dios honrará su fe y su obediencia. Noé es un caso muy palpable y real.

Dios es Justo; vale la pena vivir sin dejarse arrastrar por las corrientes del mundo

La Biblia nos dice en el libro de 2 de Crónicas que:

"Los ojos de Jehová contemplan toda la tierra, para mostrar Su poder a favor de los que tienen corazón perfecto para con Él" (2 Crónicas 16:9)

Por causa de la manera en que Noé vivió, la humanidad y todos los demás animales y aves no fueron exterminados.

Notemos ahora que la bendición que recibió Noé **porque obedeció** a Dios en todo lo que le había dicho (Gén. 6:22), la pasó entonces a su hijo **Sem** (Génesis 9:26).

Dicha bendición continuó pasando de generación en generación (Génesis 11: 10-31) y más tarde llegó un momento cuando Dios decidió formar para sí un pueblo santo, apartado del mal.

La Biblia nos cuenta entonces que a **Abram**, hijo de Taré, **descendiente de Sem**, Dios le llamó y le encomendó que se fuera de su tierra y de su parentela a otra tierra que Él le mostraría; y que Dios le iba a bendecir. En otras palabras, la bendición de Dios pasaría ahora a tener otra proporción:

Dios decidió formar un pueblo que llevaría en sí su bendición y eligió a Abram (a quien luego cambió el nombre por Abraham, que significa "padre de una multitud" (Gén. 17: 1-5) para que fuera el patriarca de quien saldría dicho pueblo (el cual es conocido como el pueblo judío).

Un punto muy interesante:

Dios le había hablado directamente a Abraham y le había prometido que lo iba a bendecir grandemente (Gén. 12: 1-4), si Abraham le obedecía... y Abraham obedeció. (La Biblia dice que por el hecho de Abraham obedecer, su fe fue contada por justicia (Romanos 4:3; Hebreos 11:8);

Sin embargo, Dios tuvo que probar la obediencia de Abraham de una manera muy particular; y **no fue sino hasta cuando Abraham obedeció** y pasó dicha prueba, cuando Dios le aseguró con juramento que lo iba a bendecir como le había prometido (Génesis 22: 1-18; Hebreos 11: 17-19).

Hoy en día las cosas van aún más lejos. Como resultado de la vida en perfecta obediencia de Cristo Jesús quien:

"siendo en forma de Dios, no estimó el ser igual a Dios como cosa a que aferrarse, sino que se despojó a sí mismo, tomando forma de siervo, hecho semejante a los hombres;"

"y estando en la condición de hombre, se humilló a sí mismo, **haciéndose obediente hasta la muerte**, y muerte de cruz" (Filipenses 2: 5-8); y quien "despojó a los principados y a las potestades, y los exhibió públicamente, **triunfando sobre ellos** en la cruz" (Colosenses 2:15).

Dios ha extendido Su bendición para que cubra a todo ser humano (sin importar raza o nación), con tal que reciba Su gracia y el perdón de pecados por los méritos del Señor Jesucristo

Así lo dice la Biblia:

"Aquella luz verdadera, que alumbra a todo hombre, venía a este mundo…
Mas a todos los que le recibieron, a los que creen en su nombre, les dio potestad de ser hechos hijos de Dios…"
(Juan 1: 9-12)

"Por tanto, **es por fe**, para que sea por gracia… **no solamente con respecto a él** se escribió que le fue contada, **sino también con respecto a nosotros** a quienes ha de ser contada, esto es, a los que creemos en el que levantó de los muertos a Jesús, Señor nuestro, el cual fue entregado por nuestras transgresiones, y resucitado para nuestra justificación." (Romanos 4: 16, 22,25)

Pero ahora en Cristo Jesús, vosotros que en otro tiempo estabais lejos, habéis sido hechos cercanos por la sangre de Cristo…"

"Y vino y anunció las buenas nuevas de paz a vosotros que estabais lejos, y a los que estaban cerca; porque por medio de Él los unos y los otros tenemos entrada por un mismo Espíritu al Padre…"
(Efesios 2: 11-22)

Hemos visto que la Biblia declara que:

> "Como por la trasgresión de uno vino la condenación a todos los hombres, de la misma manera **por la justicia de uno vino a todos los hombres la justificación de vida**"
> (Romanos 5:18).

Nos preguntamos entonces:

¿Quiere decir que todo el mundo está ya automáticamente justificado delante de Dios?

La respuesta es: NO; sino que a todo el mundo **se le da la oportunidad** de que pueda ser justificado, como lo dice el apóstol Pedro:

"El Señor no retarda su promesa, según algunos la tienen por tardanza, sino que es paciente para con nosotros, no queriendo que ninguno perezca, sino que todos procedan al arrepentimiento." (2 Pedro 3:9)

¿Qué viene a ser en sí, entonces, LA SALVACIÓN?

En primer lugar recordemos que el Señor Jesucristo dijo:

"… Mas el que persevere hasta el fin,
    éste será salvo." (Mateo 24: 11-13)

Pedro también dijo:

"… para que sometida a prueba vuestra fe… sea hallada en alabanza, gloria y honra cuando sea manifestado Jesucristo… **obteniendo el fin de vuestra fe, que es la salvación de vuestras almas.**" (1 Pedro 1: 6-9)

O, como lo dice en el libro de Hebreos:

"Mirad, hermanos, que no haya en ninguno de vosotros corazón malo de incredulidad para apartarse del Dios vivo… Porque somos hechos participantes de Cristo, **con tal que retengamos firme hasta el fin** nuestra confianza del principio" (Hebreos 3: 12-14)

La mejor manera en que yo puedo **ilustrar la salvación** es comparándola con una VISA de residencia que permite que una persona pueda entrar a un país y luego puede llegar a hacerse ciudadano.

Hay ciertos **requisitos** que deben ser satisfechos para que a una persona le sea otorgada dicha visa (y se convierte en un **privilegio** el obtenerla); **pero además, existen normas que deben ser respetadas y cumplidas si no se quiere perder dicho privilegio.**

Hemos visto que la Biblia nos dice que nosotros tenemos entrada por un mismo Espíritu al Padre y que formamos parte de Su familia, pueblo y reino (Efesios 2:18);

Sin embargo, antes de nosotros venir a Cristo hemos vivido en el pecado y la maldad:

"En aquel tiempo estabais sin Cristo, alejados de la ciudadanía de Israel y ajenos a los pactos de la promesa, sin esperanza y sin Dios en el mundo" (Efesios 2:12).

Nos dice aún más la Palabra de **la manera en que viviamos antes**:

"Porque nosotros también éramos en otro tiempo insensatos, rebeldes, extraviados, esclavos de concupiscencias y deleites diversos, viviendo en malicia y envidia, aborrecibles, y aborreciéndonos unos a otros." (Tito 3:3) "engañando y siendo engañados." (2 Timoteo 3:13)

"estando atestados de toda injusticia, fornicación, perversidad, avaricia, maldad; llenos de envidia, homicidios, contiendas, engaños y malignidades; murmuradores,

La mejor manera en que yo puedo ilustrar la salvación es comparándola con una VISA DE RESIDENCIA

detractores, aborrecedores de Dios, injuriosos, soberbios, altivos, inventores de males, desobedientes a los padres, necios, desleales, sin afecto natural, implacables, sin misericordia" (Romanos 1: 29-31)

Este sería un gráfico de la carga del pecado en nuestra alma:

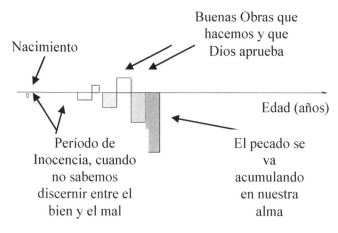

Nacimiento

Buenas Obras que hacemos y que Dios aprueba

Edad (años)

Período de Inocencia, cuando no sabemos discernir entre el bien y el mal

El pecado se va acumulando en nuestra alma

La Biblia dice que **todos** los seres humanos tendremos que **dar cuenta a Dios** el día del juicio final:

"Y vi un gran trono blanco y al que estaba sentado en él, de delante del cual huyeron la tierra y el cielo... Y vi a los muertos, grandes y pequeños, de pie ante Dios;"

"Y los libros fueron abiertos, y otro libro fue abierto, el cual es el libro de la vida; y **fueron juzgados los muertos** por las cosas que estaban **escritas** en los libros, **según sus obras...**"

...Y el que no se halló inscrito en el libro de la vida fue lanzado al lago de fuego." (Apocalipsis 20: 11-15)

Algunas personas tendrán sus nombres escritos en el libro de la vida; y otras no.

La Biblia dice que todo el mundo será juzgado (sea cristiano o no sea cristiano); Solo que algunas personas serán halladas sin **culpa ni pecado**, porque la sangre del Cordero (Jesucristo) borró todos sus pecados, en tanto que otras entrarán en un juicio de acuerdo a sus obras y **al dictamen de sus conciencias,** como lo declara el apóstol Pablo en su carta a los Romanos:

"Porque no hay acepción de personas para con Dios. Porque todos los que sin ley han pecado, sin ley también perecerán; y todos los que bajo la ley han pecado, por la ley serán juzgados; **porque no son los oidores de la ley los justos ante Dios, sino los hacedores de la ley serán justificados.**

Porque cuando los gentiles que no tienen ley, hacen por naturaleza lo que es de la ley, éstos, aunque no tengan ley, son ley para sí mismos, mostrando la obra de la ley escrita en sus corazones, dando testimonio su conciencia, y **acusándoles o defendiéndoles sus razonamientos**, en el día en que Dios juzgará por Jesucristo los secretos de los hombres, conforme a mi evangelio."

(Romanos 2: 11-16)

¿Dónde termina la esperanza?

Retomemos entonces **la primera pregunta** que nos formulamos al principio:

> ¿Será que hay esperanza de que a alguien le sea escrito su nombre en el libro de la vida el día del juicio final; permitiéndole Dios, por tanto, pasar la eternidad en el cielo?

La respuesta natural de quienes hemos sido educados cristianamente, es decir que NO, que si murieron sin Cristo ya Dios los tiene condenados en el infierno y que solo van al juicio final para ser re-condenados y ser echados en el lago de fuego.

Sin embargo, la Biblia nos dice que Dios es Juez justo. **En un juicio no se condena a nadie hasta que se demuestra que es culpable.** Habrá personas que rechazaron a Cristo y otras que nunca tuvieron la oportunidad de conocer las buenas nuevas de salvación.

Jesús dijo:

> "Porque no envió Dios a su Hijo al mundo para condenar al mundo, sino para que el mundo sea salvo por Él. El que en Él cree, no es condenado; pero **el que no cree, ya ha sido condenado**, porque no ha creído en el nombre del unigénito Hijo de Dios."

"Y esta es la condenación: que la luz vino al mundo, y los hombres amaron más las tinieblas que la luz, porque sus obras eran malas."

"Porque todo aquel que hace lo malo, aborrece la luz y no viene a la luz, para que sus obras no sean reprendidas." (Juan 3: 17-20)"

Hablando de Azotes

También dijo Jesús:

"Aquel siervo que conociendo la voluntad de su  señor, no se preparó, ni hizo conforme a su voluntad, recibirá muchos azotes. **Mas el que sin conocerla hizo cosas dignas de azotes, será azotado poco;** porque a todo aquel a quien se haya dado mucho, mucho se le demandará; y al que mucho se le haya confiado, más se le pedirá."
(Lucas 12: 47-48)

En otras palabras, **cuando una persona muere sin haber oído de Cristo** (el evangelio explicado correctamente), dicha persona **no tuvo** la oportunidad de **recibir o rechazar** la gracia de Dios, e irá al juicio final a ser juzgada de acuerdo a sus obras.

El hecho de que no fue al cielo directamente a la hora de morir puede ser considerado por Dios como **"pocos azotes"** y Dios podría determinar si al final esa alma será aceptada en el cielo o si será rechazada y lanzada al lago de fuego (Apoc. 20: 12-15)

Una pregunta natural que debemos hacernos entonces, es:

¿Dónde van las personas que reciben "pocos azotes", mientras esperan el día del juicio final?

Para dar contesta a dicha pregunta, analicemos por un momento la siguiente historia que dijo el Señor:

> "Había un hombre rico, que se vestía de púrpura y de lino fino, y hacía cada día banquete con esplendidez."

"Había también un mendigo llamado Lázaro, que estaba echado a la puerta de aquél, lleno de llagas, y ansiaba saciarse de las migajas que caían de la mesa del rico; y aun los perros venían y le lamían las llagas."

"Aconteció que murió el mendigo, y fue llevado por los ángeles al **seno de Abraham**; y murió también el rico, y fue sepultado".'Y en el **Hades** alzó sus ojos, estando en tormentos, y vio de lejos a Abraham, y a Lázaro en su seno".

"Entonces él, dando voces, dijo: Padre Abraham, ten misericordia de mí, y envía a Lázaro para que moje la punta de su dedo en agua, y refresque mi lengua; porque estoy atormentado en esta llama."

"Pero Abraham le dijo: Hijo, acuérdate que recibiste tus bienes en tu vida, y Lázaro también males; pero ahora éste es consolado aquí, y tú atormentado."

"Además de todo esto, **una gran sima** está puesta entre nosotros y vosotros, de manera que los que quisieren pasar de aquí a vosotros, no pueden, ni de allá pasar acá" (Lucas 16: 19-26)

El "Seno de Abraham" es un lugar

A mi parecer y considerando que Jesús está hablando del "Seno de Abraham" como si fuera un **LUGAR** y no solo un "estado del alma", creo que Dios tiene **activo** aún dicho lugar, pero no ya con aquellos que fueron llevados al paraíso (según Efesios 4: 8-10);

Sino con los que son rechazados al ser juzgados en el tribunal de Cristo (principalmente los que tienen las características expresadas en la **segunda pregunta** que nos hicimos al comienzo).

Creo firmemente que la Biblia nos enseña que una persona que ha vivido como "cristiana" (es decir, creyó que Jesús murió en la cruz por él o ella), cuando muera va directamente **al tribunal de Cristo**, y allí será juzgado, como dice la Palabra:

"Por tanto procuramos también, o ausentes o presentes, serle agradables. Porque es necesario que **todos nosotros comparezcamos ante el tribunal de Cristo**, para que cada uno reciba según lo que haya hecho mientras estaba en el cuerpo, **sea bueno o sea malo**" (2 Corintios 5: 9-10)

Como resultado de este juicio, dichas personas podrían ser enviados a una de estas tres partes:

o El cielo
o El Hades; o
o El Seno de Abraham

A los que vayan al **cielo**, les dirá:

"Venid, benditos de mi Padre, heredad el reino preparado para vosotros desde la fundación del mundo." (Mateo 25:34)

"Bien, buen siervo y fiel; sobre poco has sido fiel, sobre mucho te pondré; entra en el gozo de tu señor" (Mateo 25:21)

A los que vayan al **Hades**, les dirá:

"Nunca os conocí; apartaos de mí, hacedores de maldad" (Mateo 7:23)

"Apartaos de mí, malditos, al fuego eterno preparado para el diablo y sus ángeles" (Mateo 25:41)

Los que vayan al **Seno de Abraham** estarán **sufriendo la angustia de estar separados del Señor,** hasta el día del juicio final en el cual serían llamados por Dios para que vayan al cielo; y no serían condenados:

"Si, pues, nos examinásemos a nosotros mismos, no seríamos juzgados; mas siendo juzgados, somos castigados por el Señor, **para que no seamos condenados con el mundo**" (1 Cor. 11: 31-32)

Por otro lado, las personas que **mueren sin tener su fe en el Señor Jesucristo**, van directamente al **Hades** y allí esperarán hasta el día del juicio final.

Es entre éstos que, al ser **juzgados por sus obras** según el dictamen de sus **conciencias**, Dios podría condenarles al lago de fuego o podría mandar que les inscriban sus nombres en el libro de la vida y que sean ingresados al cielo para pasar la eternidad allí.

Una característica de estos últimos será que **ellos no gozarán de las recompensas** que los cristianos fieles han de recibir cuando se presenten ante el Señor.

Con esto podemos entender entonces que, así como existe la posibilidad de que a una persona le sea borrada su nombre del libro de la vida (Apoc. 3:5; 22:19); de igual manera, **Sí** es posible que a alguna persona se le inscriba su nombre en el libro de la vida, a la hora del juicio final.

> Las personas que mueren sin tener su fe en el Señor Jesucristo, van directamente al Hades y allí esperarán hasta el día del juicio final

Tengamos en cuenta estas otras declaraciones de Cristo:

"Si yo no hubiera venido, ni les hubiera hablado, **no tendrían pecado;** pero ahora no tienen excusa por su pecado" (Juan 15:22)

"Entonces algunos de los fariseos que estaban con Él, al oír esto, le dijeron: ¿Acaso nosotros somos también ciegos?"
"Jesús les respondió: **Si fuerais ciegos, no tendríais pecado**; mas ahora, porque decís: Vemos, vuestro pecado permanece" (Juan 9: 40-41)

El Señor está hablando en sentido espiritual.
Habla de **ceguera espiritual** y la relaciona con la culpabilidad del pecado.

Recordemos que Dios juzga los corazones.

"Engañoso es **el corazón** más que todas las cosas, y perverso; ¿quién lo conocerá?

Yo Jehová, que escudriño la mente, que pruebo el corazón, para dar a cada uno **según su camino**, según el fruto de sus obras."
(Jeremías 17: 9-10)

Dios ha dicho que **Él no quiere la muerte del impío** sino que se arrepienta:

> "… Diles: Vivo yo, dice Jehová el Señor, que <u>no quiero la muerte del impío</u>, **sino que se vuelva el impío de su camino**, y que viva. Volveos, volveos de vuestros malos caminos; ¿por qué moriréis, Oh casa de Israel?" (Ezequiel 33: 10-11)

> "El Señor no retarda su promesa, según algunos la tienen por tardanza, sino que **es paciente** para con nosotros, <u>no queriendo que ninguno perezca</u>, sino que todos procedan al arrepentimiento"
> (2 Pedro 3:9)

No olvidemos que la Biblia dice que para Dios todo pecado conlleva a la muerte; no solo los pecados que consideramos "grandes":

"... si hacéis acepción de personas, cometéis pecado, y quedáis convictos por la ley como transgresores.

Porque cualquiera que guardare toda la ley, pero ofendiere en un punto, se hace culpable de todos.

Dios castiga a los creyentes y los juzga, para evitar tener que condenarlos con los impíos en el día del juicio final

Porque el que dijo: No cometerás adulterio, también ha dicho: No matarás. Ahora bien, si no cometes adulterio, pero matas, ya te has hecho trasgresor de la ley.

Así hablad, y así haced, como los que habéis de ser juzgados por la ley de la libertad. Porque juicio sin misericordia se hará con aquel que no hiciere misericordia; y la misericordia triunfa sobre el juicio". (Santiago 2: 8-13)

Otra porción interesante:

"… Si, pues, nos examinásemos a nosotros mismos, no seríamos juzgados; mas siendo juzgados, somos **castigados por el Señor**, para que **no seamos condenados** con el mundo."
(1 Corintios 11: 27-32)

"Porque el Señor al que ama, disciplina, y azota a todo el que recibe por hijo..."
(Hebreos 12: 6-8)

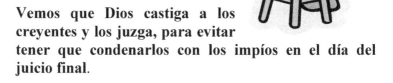

Vemos que Dios castiga a los creyentes y los juzga, para evitar tener que condenarlos con los impíos en el día del juicio final.

Aún la muerte "prematura" de alguien por causa de un pecado, es un juicio de Dios para evitarle la muerte eterna.

Así que, cuando alguien se arrepiente de todas sus maldades, pide perdón a Dios y pone su fe en Cristo Jesús, la Biblia nos dice:

"Lavaos y limpiaos; quitad la iniquidad de vuestras obras de delante de mis ojos; dejad de hacer lo malo; aprended a hacer el bien; buscad el juicio, restituid al agraviado, haced justicia al huérfano, amparad a la viuda."

"Venid luego, dice Jehová, y estemos a cuenta: si vuestros pecados fueren como la grana, como la nieve serán emblanquecidos; si fueren rojos como el carmesí, vendrán a ser como blanca lana."
(Isaías 1: 16-18)

"... la sangre de Jesucristo su Hijo nos limpia de todo pecado... Si confesamos nuestros pecados, Él es fiel y justo para perdonar nuestros pecados, y limpiarnos de toda maldad" (1 Juan 1: 7, 9)

Este sería un gráfico de la carga del pecado en nuestra alma, después que recibimos el perdón de Dios por la fe en Cristo:

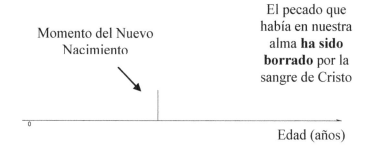

Momento del Nuevo Nacimiento

El pecado que había en nuestra alma **ha sido borrado** por la sangre de Cristo

0

Edad (años)

Quiere decir que, cuando venimos a Dios y le pedimos perdón de nuestros pecados al reconocer lo malo que hemos hecho y con una actitud de arrepentimiento y de apartarnos de nuestros pecados, la Biblia nos dice que **Dios nos hace nacer de nuevo en el Espíritu** y hace nuevas en nosotros, todas las cosas:

"... Respondió Jesús: De cierto, de cierto te digo, que el que no naciere de agua y del Espíritu, no puede entrar en el reino de Dios. Lo que es nacido de la carne, carne es; y lo que es nacido del Espíritu, espíritu es. No te maravilles de que te dije: Os es necesario nacer de nuevo..." (Juan 3: 3-8)

"De modo que si alguno está en Cristo, nueva criatura es; las cosas viejas pasaron; he aquí todas son hechas nuevas." (2 Cor. 5:17)

Tenemos la oportunidad de comenzar de nuevo.

Solo que ahora contamos **con una gran ventaja:**

- Ahora **tenemos al Espíritu Santo** morando en nosotros y Él nos va a **enseñar** a vivir correctamente, como Dios quiere.

- El Espíritu Santo nos va a **redargüir** de pecado y nos va a exhortar a que nos arrepintamos rápidamente cuando cometamos algún nuevo pecado, después de haber recibido la purificación inicial de nuestros pecados; además,

- El pecado que **antes** tenía poder sobre nosotros, **ya no podrá** dominarnos más.

Así lo declara la Palabra:

"Cuando venga el Espíritu de verdad, Él os guiará a toda la verdad (Juan 16:13[a])"

"Estando persuadido de esto, que el que comenzó en vosotros la buena obra, **la perfeccionará** hasta el día de Jesucristo" (Filipenses 1:6)

"**No reine**, pues, **el pecado** en vuestro cuerpo mortal, de modo que lo obedezcáis en sus concupiscencias; ni tampoco presentéis vuestros miembros al pecado como instrumentos de iniquidad, sino presentaos vosotros mismos a Dios como vivos de entre los muertos, y vuestros miembros a Dios como instrumentos de justicia.

Porque el pecado no se enseñoreará de vosotros; pues no estáis bajo la ley, sino bajo la gracia." (Romanos 6: 12-14)

¿Y qué de los pecados futuros?

Un error común al interpretar las Escrituras, es creer que todos los pecados **FUTUROS** son perdonados instantáneamente al recibir a Cristo como nuestro Salvador personal.

Quienes así lo creen, dicen que cuando Cristo murió por nosotros en la cruz del calvario, todos nuestros pecados estaban en el futuro.

El Espíritu Santo nos va a redargüir de pecado y nos va a exhortar a que nos arrepintamos rápidamente cuando cometamos algún nuevo pecado

Esta sería una manera **infantil** de conocer a Dios en su trato con los seres humanos, ya que Dios dice en Su Palabra que Él no puede ser burlado:

"No os engañéis; Dios no puede ser burlado: pues todo lo que el hombre sembrare, eso también segará. Porque **el que siembra para su carne, de la carne segará corrupción**; mas el que siembra para el Espíritu, del Espíritu segará vida eterna" (Gálatas 6: 7-8)

Lo que sí dice la Biblia es:

"Pero ahora, aparte de la ley, se ha manifestado la justicia de Dios, testificada por la ley y por los profetas; **la justicia de Dios por medio de la fe en Jesucristo**, para todos los que creen en Él.

"Porque no hay diferencia, por cuanto todos pecaron, y están destituidos de la gloria de Dios, siendo justificados gratuitamente por su gracia, mediante la redención que es en Cristo Jesús,"

"A quien Dios puso como propiciación por medio de la **fe en su sangre,** para manifestar su justicia, a causa de haber pasado por alto, en su paciencia, **los pecados pasados,** con la mira de manifestar en este tiempo su justicia, a fin de que Él sea el justo, y el que justifica al que es de la fe de Jesús."

(Romanos 3: 21-26)

"Pero el que no tiene estas cosas tiene la vista muy corta; es ciego, habiendo olvidado la purificación de sus **antiguos pecados.**" (2 Pedro 1:9)

¿Qué pasa entonces cuando un cristiano comete un pecado después que ha recibido la gracia de Dios en su vida?

La Biblia dice:

"…Si confesamos nuestros pecados, Él es fiel y justo para perdonar nuestros pecados, y limpiarnos de toda maldad"…

"la sangre de Jesucristo su Hijo nos limpia de todo pecado…" (1 Juan 1: 9, 7)

En otras palabras, cada vez que cometemos un pecado (y no hay ninguno que nunca los cometa, pues aún no somos perfectos sino que vamos siendo perfeccionados), nuestra alma es **manchada** por dicho pecado; pero si lo reconocemos y nos arrepentimos del mismo, y le pedimos a Dios que nos perdone, Él nos perdonará y nos limpiará, manteniéndonos puros delante de Él.

Debemos mantener una actitud de revisión de nuestro caminar diario (**"ten cuidado de ti mismo,** le decía Pablo a Timoteo); y debemos evitar por todos los medios que nuestro comportamiento se vuelva rebelde a la dirección del Espíritu Santo.

Cada vez que cometemos un pecado, nuestra alma es manchada por dicho pecado

"Por tanto, ceñid los lomos de vuestro entendimiento, sed sobrios, y esperad por completo en la gracia que se os traerá cuando Jesucristo sea manifestado; como hijos obedientes, **no os conforméis a los deseos que antes teníais** estando en vuestra ignorancia;

Sino, como aquel que os llamó es santo, sed también vosotros santos en toda vuestra manera de vivir; porque escrito está: Sed santos, porque yo soy santo. Y si invocáis por Padre a aquel que **sin acepción de personas juzga según la obra de cada uno,** conducíos en temor todo el tiempo de vuestra peregrinación" (1 Pedro 1: 13-17)

La Biblia deja muy bien establecido que en esta vida **los cristianos pecan;** y que el recurso de ellos cuando han pecado es el perdón a través de Cristo:

"Si decimos que no tenemos pecado, nos engañamos a nosotros mismos, y la verdad no está en nosotros" (1 Juan 1:8)

82

El procedimiento Antinatural

Sin embargo, debemos decir que **es antinatural** para un verdadero cristiano el continuar en una vida de pecado.

Habitualmente no puede pecar.

Eso es lo que la Palabra nos quiere decir:

> "El que **practica** el pecado es del diablo; porque el diablo peca desde el principio. Para esto apareció el Hijo de Dios, para deshacer las obras del diablo.
>
> Todo aquel que es nacido de Dios, **no practica** el pecado, porque la simiente de Dios permanece en él; y no puede pecar (continuar pecando), porque es nacido de Dios." (1 Juan 3: 8-9)

Cualquiera que nace de Dios no practica el pecado; es decir, no sigue un hábito de pecado. No puede seguir pecando a la manera que los hijos del diablo lo hacen.

El verdadero cristiano debiera poner el pecado a un lado y seguir creciendo espiritualmente, sabiendo que cualquier práctica pecaminosa le afectará muy negativamente su fe y perjudicará su alma.

Ahora bien, basado en lo que la Palabra nos dice:

"Seguid la paz con todos, y la santidad, sin la cual nadie verá al Señor" (Hebreos 12:14)

"… como hijos obedientes, no os conforméis a los deseos que antes teníais estando en vuestra ignorancia; sino, como aquel que os llamó es santo, sed también vosotros santos en toda vuestra manera de vivir; porque escrito está: Sed santos, porque yo soy santo" (1 Pedro 1: 13-16)

Debemos entonces contestar la siguiente pregunta:

¿Entrará al cielo un cristiano que comete un pecado?

Muchas personas declaran que "si peca no se salva". Sin embargo, es necesario considerar el hecho de que el orgullo, la envidia, y la amargura se aceptan como "fracasos comunes".

Nadie sugeriría que los creyentes que cometen estos pecados estén perdidos. Es más si se insiste que Dios exige en el presente la perfección de los creyentes, entonces debemos plantearnos la siguiente pregunta:

"¿Está el cristiano firme en Cristo basado en su **propia** justicia o en la justicia **de Cristo** imputada a él por la fe?"

Si el cristiano sólo se salva si mantiene una vida sin caída, ¡entonces la salvación no sería por gracia, sino por obras!

Por lo tanto, si el creyente es aceptado por Dios sólo si él está sin faltas, entonces el cristiano no es libre de la condenación como Pablo insistió en Romanos 8:1.
Se convierte más bien en un continuo ejercicio de miedo y

condenación al vivir escudriñando su alma; con lo que pierde el gozo que trae el conocimiento de la salvación.

La Biblia nos dice:

"Mas Dios muestra su amor para con nosotros, en que siendo aún pecadores, Cristo murió por nosotros. Pues mucho más, **estando ya justificados en su sangre, por Él seremos salvos de la ira.**"

"Porque si siendo enemigos, fuimos reconciliados con Dios por la muerte de su Hijo, **mucho más, estando reconciliados, seremos salvos por su vida…**" (Romanos 5: 8-11)

También:

"Pues en cuanto Él mismo padeció siendo tentado, es poderoso para **socorrer** a los que son tentados" (Hebreos 2:18)

"Y a aquel que es **poderoso para guardaros sin caída**, y presentaros sin mancha delante de su gloria con gran alegría, al único y sabio Dios, nuestro Salvador, sea gloria y majestad, imperio y potencia, ahora y por todos los siglos. Amén" (Judas 24-25)

Está claro que "el Dios que nos amó tanto para proveer nuestra salvación, nos ama también lo suficiente para mantenernos salvos todo el camino hasta la gloria".

Esta convicción nos da alegría en Él.

Sin embargo, el ser consciente de que **vivimos en medio de un mundo depravado,** nos debe animar a pedirle continuamente al Espíritu Santo que **escudriñe** nuestro corazón; y si nos muestra algún pecado no confesado aún, debemos recurrir a la confesión y al arrepentimiento.

Recordemos que el Señor Jesús, en la oración que nos enseñó (el Padrenuestro), nos dice que cada día, además de pedir nuestro pan, debemos pedirle a Dios que nos perdone todas nuestras ofensas.

El Señor Jesús es Fiel, siempre Fiel. **Él no nos va a dejar abandonados** en las manos del enemigo al final de nuestra vida.

El Dios que nos amó tanto para proveer nuestra salvación, nos ama también lo suficiente para mantenernos salvos todo el camino hasta la gloria

La Biblia dice:

"Dios es Fiel y no nos dejará ser tentados más allá de lo que podamos resistir; sino que juntamente dará también la salida para que podamos soportar" (1 Cor. 10:13)

"Si fuéremos infieles, Él permanece fiel; Él no puede negarse a sí mismo." (2 Timoteo 2:13)

La Palabra también nos enseña que los que somos de Cristo "hemos crucificado la carne con sus pasiones y deseos" y que "**debemos andar en el Espíritu**" (Gálatas 5: 24-25);

Y al ser guiados por el Espíritu de Dios nos confirma que **somos hijos de Dios** (Rom. 8:14)

Para una persona que camine con Dios **en obediencia**, siendo **sensible** a la dirección del **Espíritu Santo**, velando en todo tiempo para no caer en las trampas del Engañador; **atendiendo las áreas débiles** que el Espíritu le pueda mostrar que tiene y permitiéndole a Él que le **moldee** y transforme cada día de gloria en gloria a la imagen de Cristo Jesús (2 Cor. 3:18);

Poniendo a un lado **su voluntad** personal y permitiendo que **la voluntad de Dios** se haga en su vida (Salmo 138:8; Mateo 6:10; 26:39); irá creciendo y madurando espiritualmente cada día.

Dicha persona **habrá aprendido** a defenderse de los ataques y de las tentaciones y habrá experimentado el poder victorioso de la cruz en diferentes maneras en su caminar con Cristo; por lo que también podrá decir al igual que dijo el apóstol Pablo: **"Ya no vivo yo, mas Cristo vive en mí"** (Gálatas 2:20)

Y también:

"¿Quién nos separará del amor de Cristo? ¿Tribulación o angustia, o persecución o hambre o desnudez; o peligro o muerte?"

"Antes bien, en todas estas cosas somos más que vencedores por medio de Aquel que nos amó."

"Por lo cual estoy seguro de que ni la muerte, ni la vida, ni ángeles, ni principados, ni potestades, ni lo presente, ni lo porvenir, ni lo alto, ni lo profundo, ni ninguna otra cosa creada, nos podrá separar del amor de Dios que es en Cristo Jesús Señor nuestro"

(Rom. 8: 35, 37-39)

Si, después de recibir la purificación de sus pecados pasados, una persona comete un pecado **justo antes** de la venida del Señor o si muere antes de arrepentirse del mismo o mientras comete ese pecado, lo que pasará cuando se presente ante el Señor, **dependerá** de la clase de vida "cristiana" que haya llevado.

Así por ejemplo, si la persona ha vivido con el temor de Dios, cuidando su testimonio y obedeciendo las direcciones del Espíritu Santo, debe estar tranquila pues sucederá que el peso de las obras de obediencia de su vida será mucho más grande que el peso del pecado final, por lo que el Señor le dirá:

"Bien hecho, buen siervo y fiel. Entra en el gozo de tu Señor" (Mateo 25:21)

Porque la perfección no es la falta de caídas, ya que hemos visto que la Biblia nos dice que: *"si decimos que no tenemos pecado, nos engañamos a nosotros mismos"* (1 Juan 1:8); sino **el andar en obediencia** a Dios y a Su Palabra, permitiendo que el Espíritu Santo lleve a cabo su labor de perfeccionamiento en nosotros.

Podríamos verlo gráficamente así:

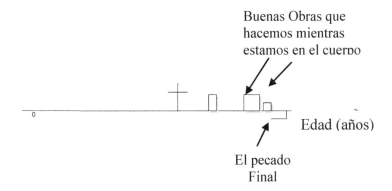

Buenas Obras que hacemos mientras estamos en el cuerpo

Edad (años)

El pecado
Final

Sin embargo, esto no nos da lugar a abusar de esta gracia de Dios, porque la Biblia nos declara muy fuertemente que:

> **"Si pecáremos voluntariamente después de haber recibido el conocimiento de la verdad,** ya no queda más sacrificio por los pecados, sino una **horrenda expectación de juicio,** y de hervor de fuego que ha de devorar a los adversarios."

> "El que viola la ley de Moisés, por el testimonio de dos o de tres testigos muere irremisiblemente."

"¿**Cuánto mayor castigo** pensáis que merecerá el que pisoteare al Hijo de Dios, y tuviere por inmunda la sangre del pacto en la cual fue santificado, e hiciere afrenta al Espíritu de gracia?"
(Hebreos 10: 26-29)

El "pecar voluntariamente" equivale a "**rebeldía**".

Así que, si una persona sigue continuamente pecando, después de recibir la purificación de sus pecados pasados, su alma volverá a cargarse con dicho pecado;

Y si muere en esa condición y se presenta al tribunal de Cristo para ser juzgado, si el peso de sus pecados es mayor que sus buenas obras, **podría ser rechazado.**

Tendríamos algo así:

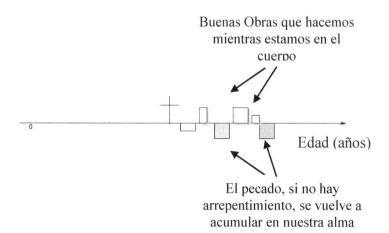

Buenas Obras que hacemos mientras estamos en el cuerpo

Edad (años)

El pecado, si no hay arrepentimiento, se vuelve a acumular en nuestra alma

Sobre esto, la Biblia nos dice:

"**No os engañéis; Dios no puede ser burlado**: pues todo lo que el hombre sembrare, eso también segará."

"Porque el que siembra para su carne, de la carne segará corrupción; mas el que siembra para el Espíritu, del Espíritu segará vida eterna."
(Gálatas 6: 7-8)

"Porque es necesario que **todos** nosotros comparezcamos ante el **tribunal de Cristo**, para que cada uno reciba según lo que haya hecho mientras estaba en el cuerpo, **sea bueno o sea malo.**"   (2 Corintios 5:10)

"Y ahora, hijitos, permaneced en Él, para que cuando se manifieste, tengamos confianza, para que en su venida **no nos alejemos de Él avergonzados.**" (1 Juan 2:28)

"Bienaventurados los que **lavan sus ropas, para tener derecho al árbol de la vida,** y para entrar por las puertas en la ciudad." (Apocalipsis 22:14)

"**El que venciere** será vestido de vestiduras blancas; y **no borraré su nombre** del libro de la vida, y confesaré su nombre delante de mi Padre, y delante de sus ángeles." (Apocalipsis 3:5)

La Biblia dice también:

"**No todo el que me dice: Señor, Señor**, entrará en el reino de los cielos, sino **el que hace la voluntad de mi Padre** que está en los cielos.

"Muchos me dirán en aquel día: Señor, Señor, ¿no profetizamos en tu nombre, y en tu nombre echamos fuera demonios, y en tu nombre hicimos muchos milagros? Y entonces les declararé: Nunca os conocí; **apartaos de mí, hacedores de maldad**"
(Mateo 7: 21-23)

"Jehová es tardo para la ira y grande en poder, y **no tendrá por inocente al culpable.**" (Nahum 1:3ª)

"Pero tú, ¿por qué juzgas a tu hermano? O tú también, ¿por qué menosprecias a tu hermano? Porque **todos compareceremos ante el tribunal de Cristo.**"

"Porque escrito está: Vivo yo, dice el Señor, que ante mí se doblará toda rodilla, Y toda lengua confesará a Dios. De manera que **cada uno de nosotros dará a Dios cuenta de sí.**"
(Romanos 14:10-12)

El asunto es más serio de lo que a simple vista parece.

Aún más: Sobre los que por un tiempo son creyentes y luego abandonan los caminos del Señor, la Biblia nos dice que ellos estarán en una situación peor que la que estaban antes de ser creyentes:

"Ciertamente, si habiéndose ellos escapado de las contaminaciones del mundo, por el conocimiento del Señor y Salvador Jesucristo, **enredándose otra vez** en ellas son vencidos, **su postrer estado viene a ser peor que el primero.**"

"Porque mejor les hubiera sido no haber conocido el camino de la justicia, que después de haberlo conocido, volverse atrás del santo mandamiento que les fue dado." (2 Pedro 2: 20-21)

Repetimos, Dios no puede ser burlado.

Debemos vivir conforme a la Palabra que nos asegura que **el verdadero creyente no está en una puerta rotativa, entrando y saliendo de la gracia de Dios**; sino que está seguro en las manos de Dios, ya que: "ni la muerte, ni la vida, ni ángeles, ni principados, ni potestades, ni lo presente, ni lo por venir, ni lo alto, ni lo profundo, ni ninguna otra cosa creada nos podrá separar **del amor de Dios**, que es en Cristo Jesús Señor nuestro" (Romanos 8: 38-39)

El pecar es **ANTINATURAL** para el verdadero cristiano. Ya no puede seguir cometiendo los mismos viejos pecados.

Habiendo nacido del Espíritu, el creyente es una nueva criatura para quien *las cosas viejas han pasado y todas son hechas nuevas* (2 Corintios 5:17).

La vieja vida es una cosa del pasado; y **aunque es una fuerza latente dentro de uno**, está dominada y declarada muerta por **la nueva Presencia** que mora en nosotros (Romanos 6:11).

Aquello que antes era la práctica y costumbre, ahora se ha convertido en algo antinatural y contrario a los nuevos impulsos del corazón.

"El que es nacido de Dios," dijo Juan, "no puede pecar [o seguir practicando el pecado]." Es decir, el pecado es extraño a la nueva naturaleza.

La nueva naturaleza que es nuestra por la fe, no peca.

Cambio de mando

Así, cuando la vieja naturaleza recobra el control, temporal e inesperadamente, el nuevo ser se subleva contra esta intrusión antinatural. El recurso inmediato es Cristo.

La Biblia nos dice que aunque nosotros le seamos infieles al Señor, Él permanece siendo Fiel. Él no se puede negar a sí mismo (2 Timoteo 2:13).

El Señor siempre está dispuesto a interceder por nosotros ante el Padre (Hebreos 7:25), mostrándonos que su amor por nosotros nunca deja de ser.

Cuando el creyente que ha pecado se vuelve a Cristo, no viene con la desesperación de un alma perdida, sino con el conocimiento seguro que, **como un hijo de Dios que es**, él tiene un Abogado con el Padre, quien es Fiel y Justo para perdonar nuestros pecados y limpiarnos de toda maldad.

Así el creyente ejerce su prerrogativa como hijo de Dios, **sin dudar su posición** que él sabe que está basada en la rectitud infalible de Cristo por la fe.

Sin embargo, es indispensable traer a colación la libre voluntad y la responsabilidad del creyente, ya que Dios no retira el poder de elección a la persona cuando le recibe como hijo/a.

Por el ejercicio del libre albedrío, el creyente acepta la salvación y se vuelve un hijo de Dios; pero también debe tener el cuidado de **no tomar una actitud ligera** hacia el pecado.

No debe usar la gracia de Dios como una licencia para pecar. La Palabra nos enseña que Dios, además de ser **amor** (1 Juan 4:16), también es **fuego consumidor** (Deut. 4:24)

> Así el creyente ejerce su prerrogativa como hijo de Dios

¿Qué, pues, diremos? ¿Perseveraremos en el pecado para que la gracia abunde? Preguntó Pablo (Rom. 6:1)

"En ninguna manera", contestó (Rom. 6:2).

La respuesta es **enfáticamente negativa**. Pablo supo y enseñó que el practicar un pecado afectaría adversamente la fe de un creyente; y es la fe la que hace posible una relación con Dios.

El pecado continuado es presuntuoso, arbitrario, y es una evidencia de rebelión. La rebelión es lo contrario a la obediencia de fe.

Los creyentes constantemente deben estar en guardia: "**mirad bien**, no sea que alguno deje de alcanzar la gracia de Dios" (Hebreos 12:15)

La exhortación de la Biblia es:

"**Examinaos** a vosotros mismos si estáis en la fe; **probaos** a vosotros mismos" (2 Corintios 13:5)

Porque:
"Bienaventurado el varón que soporta la tentación; porque cuando haya resistido la prueba, **recibirá la corona de vida,** que Dios ha prometido a los que le aman." (Santiago 1:12)

Jesús nos dice:

"He aquí yo vengo pronto, y mi galardón conmigo, para **recompensar** a cada uno según sea su **obra**" (Apocalipsis 22:12)

Un consejo final:

Vivamos nuestra vida de tal manera que podamos apropiarnos de las palabras del apóstol Pablo:

"He peleado la buena batalla, he acabado la carrera, he guardado la fe. Por lo demás, **me está guardada la corona de justicia,** la cual me dará el Señor, juez justo, en aquel día; y no sólo a mí, sino también a **todos** los que aman su venida." (2 Timoteo 4: 7-8)

Vivamos conforme a la Verdad y enseñemos a otros solamente la Verdad. Confiemos en Dios siempre, que Él nunca nos fallará.

Bendiciones y Paz.

De ateo a Pastor. Anécdota personal

A la fecha cuando escribo estas líneas ya he pasado la barrera de los 50 años de edad. Criado en la religión tradicional, me volví ateo en 1974, mientras cursaba mi segundo año de estudios universitarios, después de estudiar la materia de Filosofía y de conocer cómo era de amplia la manera de pensar de los grandes filósofos; y sin embargo, cuántas contradicciones tenían entre unos y otros.

En mi familia eran cristianos mi madre, mi padre y un hermano. Me burlaba de ellos y discutía fervientemente con ellos y hablaba muy mal del pastor que iba a casa, pues le creía un engañador. Yo odiaba que me mencionaran la palabra "Dios".

Me provocaba inmediatamente la ira el siquiera escuchar esta palabra. De hecho, cuando estaba leyendo algún libro y el autor mencionaba la palabra "Dios", inmediatamente dejaba de leer y tiraba el libro, considerándolo como "basura".

Recuerdo que cuando era niño, cada vez que estornudaba, mi mamá me decía "Dios te bendiga". Bueno; en aquél tiempo yo le pedí a mi madre que dejara de decirme esas palabras porque mencionaba sobre mí la palabra "Dios".

Le dije que, como el estornudar era señal de que mi cuerpo estaba por recibir algún virus, que me deseara "Salud" en lugar de decirme lo anterior.

Ella partió con el Señor en el año 1978, tres semanas después de asistir a mi graduación; con el dolor de saber que su hijo era tan rebelde y sin poder decirme la bendición. (Lo que nunca pude impedirle era que orara por mí cuando estaba a solas; y estoy seguro que Dios escuchó sus oraciones y que a Su tiempo le dio la respuesta)

Me gradué de Ingeniero Químico en junio de 1978 y comencé a trabajar en mi profesión. Pude desarrollar o ampliar mis capacidades aprendidas, en las empresas en las que trabajé.

Como yo no creía en la existencia de Dios, creía en la evolución; y busqué en el mundo de la ciencia las respuestas a la vida que mi corazón demandaba.

Yo tenía una definición muy particular de lo que era Dios. Yo creía que Dios era:

Yo odiaba que me mencionaran la palabra "Dios"

"Un mito creado por mentes débiles e ignorantes que tenía como propósito, además de hacer que las personas fueran buenos ciudadanos, confortar a aquellos infelices que por su falta de competencia o preparación, enfrentaban el fracaso de sus vidas con la vana ilusión de que después de la muerte, entonces vivirían bien".

Durante algún tiempo estuve buscando conocer por qué las cosas suceden como suceden; por qué, por ejemplo, la luz del sol continúa brillando por tantos años sin agotarse; por qué existe la fuerza de la gravedad; la inmensidad del universo y la perfección del átomo, etc.

¿Quién diseñó esa computadora?

Comencé a imaginar que quizás existiría algún tipo de **computadora** en el universo que controlaba todas las cosas y que diseñó la gravedad para evitar que estuvieran chocando los astros; pero luego venía la pregunta:

> ¿Quién diseñó y programó esa computadora? ¿Qué mente había detrás de tanta perfección en el universo?

Estaba lleno de preguntas y la ciencia no satisfacía mis inquietudes (aunque en ese tiempo yo trabajaba como consultor técnico, especialista en información científica y tecnológica que daba respuesta a cualquier tipo de preguntas que cualquier profesional tuviese).

En el año 1988, mi hermano mayor me preguntó si yo tenía a alguien que lo considerara mi mejor amigo. Le dije que tenía amigos pero que al final, realmente yo no confiaba en nadie. Me consideraba solitario.

Él me invitó a una reunión en la cual me iba a presentar a alguien que podría ser mi mejor amigo y en quien yo realmente podría confiar.

Fui a esa reunión y resultó que era en una iglesia católica y estaban los catecúmenos y los carismáticos presentando a Cristo Jesús. Yo estaba un poco frustrado con mi hermano pero me quedé en esa reunión. El próximo sábado continuaría la conferencia.

Tuve toda una semana angustiado y muchas cosas pasaron en mi vida. Si abría la Biblia me salían porciones que me hablaban de juicio y destrucción; pero también otras que hablaban que Dios me perdonaba, que me amaba, etc.

Así que volví a la próxima reunión y ya estaba más tranquilo pero con expectación. Seguí asistiendo a la iglesia católica aunque me avergonzaba decir a los vecinos y amigos que ya yo creía en Dios y que Jesucristo en verdad existía.

Emigré a los Estados Unidos en abril de 1990 con la intención de formar una empresa consultora e importadora, la cual, esperaba, me haría millonario; pero Dios tenía un plan diferente para mi vida.

Aunque no quería saber de los cristianos (yo les llamaba "protestantes" o, en el mejor caso, "los hermanos separados"), en agosto de ese año el Señor me trajo a la Iglesia Nueva Vida y en diciembre de ese año también fui bautizado en las aguas.

Comencé a servirle a Él, dispuesto para que cumpla Su propósito en mí. Son muchas las cosas que el Señor me ha mostrado y sé que aún faltan muchas más. Sé que estoy en Sus manos y le pido que se haga siempre Su perfecta voluntad en mí.

Conozca al Amor

Como persona

La Manifestación del Amor.

Hay una fuerza que mueve la humanidad. Es más poderosa que la electricidad, conquista más que el dinero; y atrae más que la gravedad.

Es la fuerza del Amor

Procede de la fuente primaria de todas las cosas: Dios.

Su Palabra nos dice que Dios quiere mostrar Su amor a cada persona. Esto lo incluye a USTED. Él le dice:

"Le atraeré con cuerdas de amor" (Oseas 11:4)

Estas cuerdas hablan de un sacrificio, por amor, para poder salvarle a USTED.

Quizás sus caminos están lejos de Dios; sin embargo, Él le busca para salvarle, bendecirle, prosperarle; y sobre todo, para tener comunión con usted.

"Porque de tal manera amó Dios al mundo, que ha dado a su Hijo unigénito, para que todo aquel que en él cree, no se pierda más tenga vida eterna." (Juan 3:16)

"Mas Dios muestra su amor para con nosotros, en que siendo aún pecadores, Cristo murió por nosotros." (Romanos 5:8)

Acérquese a Dios. Él es su creador. Déjele que le salve. No resista al llamado de su amor. Es muy fácil recibir el perdón de Dios, porque ya Cristo pagó el precio que Dios exigía

Cumpla usted ahora con su parte:

a) Reconozca que es pecador. Que no ha vivido perfectamente delante de Dios.

b) Arrepiéntase sinceramente de vivir apartado de Dios.

c) Pídale perdón de todo corazón por todos sus pecados.

d) Reciba la gracia de Dios en su vida, la salvación de su alma, confesando a Cristo Jesús como su Señor y Salvador.

e) Aprenda a vivir conforme a la voluntad de Dios. Para esto, es necesario que aprenda a hablar con Dios (orar); Aprenda lo que Dios desea que usted sepa (lea la Biblia, congréguese en una iglesia donde se predique y enseñe la Palabra de Dios).

f) Comparta con otros el amor que ha recibido.

Dice El Señor:

"Venid luego, dice Jehová, y estemos a cuenta: si vuestros pecados fueren como la grana, como la nieve serán emblanquecidos; si fueren rojos como el carmesí, vendrán a ser como blanca lana" (Is. 1: 18)

"Que si confesares con tu boca que Jesús es el Señor, y creyeres en tu corazón que Dios le levantó de los muertos, serás salvo." (Romanos10:9)

"Si confesamos nuestros pecados, él es fiel y justo para perdonar nuestros pecados, y limpiarnos de toda maldad" (1 Juan 1:9)

"Y la sangre de Jesucristo su Hijo nos limpia de todo pecado." (1 Juan 1:7b)

Ora a Dios, pídele perdón por todos tus pecados y recibe su gracia y amor. **Bendiciones.**

Si lo que has leído te ha sido de ayuda, por favor agradece y dale Toda la gloria al Señor Jesús, porque Él es el único digno de recibirla; y pregúntale a Dios cuál sería el próximo paso que tú debieras dar; **¡Y obedécele!**

Un Testimonio

Testimonio de Frank Mercado, al terminar la traducción del libro al idioma inglés:

"Te escribo estas líneas para decirte que fui bendecido con las páginas del cierre y con la explicación sobre cómo nosotros somos llamados a vivir una vida santa delante de Dios. Me ha inspirado. Mi meta será inspirar también a otros, al mismo tiempo que he de informarles y persuadirles; y creo que tú has logrado esas cosas en tu capítulo de la conclusión"

"Es El Consolador, quien es Dios y mora con nosotros (Juan14: 15-17) que nos guía a toda verdad. Oro para que no repitamos los mismos errores de otros tiempos, que se quedaron contentos con buscar solamente los panes y los peces como hizo la multitud. Su misión es de llevar toda la humanidad al conocimiento de salvación por medio de Jesús, nuestro Mesías."

"Estoy convencido que el libro nos lleva al conocimiento más amplio de la gracia y misericordia de Dios, además de ser una buena introducción a teología básica. Debe de motivar aquellos que tienen deseo de ser estudiantes serios de la Palabra."

"Termino esta carta diciéndote que el testimonio de tu madre me ha conmovido y creo que será de bendición para muchos."

"La paz de Dios sea contigo y toda tu familia."

****

¿Cuál es TU testimonio?

Otros libros escritos por el autor

El Paradigma, ¿o cuento?, de la Evolución

Después de haber sido ateo por más de 14 años, cuando creía y defendía la teoría de la evolución; el autor, graduado en el año 1978 como Ingeniero Químico en la Pontificia Universidad Católica Madre y Maestra; y como resultado a intensas indagaciones sobre el tema de la evolución, expone sus conclusiones después de 30 años de terminar sus estudios universitarios y luego de innumerables experiencias de la vida.

Este libro expone detalles "evolutivos" tan impactantes, que le harán pensar seriamente en lo siguiente:

- Todo lo que existe; ¿Lo hizo "Alguien" o "Nadie"?

- ¿Habrá sido un Ser Sabio, Poderoso y Eterno, que hizo todas las cosas; o fue "La Nada" que nunca existió y por lo tanto no tiene ni nunca tuvo poder, ni propósito… ¡ni nada!, que formó todo el universo a partir de su propia esencia inexistente?

- La vida, ¿Tiene sentido y propósito, o es una vana ilusión que nos toca a todos soportar?

El autor asegura y demuestra que:

"Las escuelas y universidades **adoctrinan** a los estudiantes para que dejen de creer en Dios, enseñando como ciencia lo que es pura creencia ateo-religiosa"; y también: "Si alguien cree que de algo más pequeño que UN ÁTOMO se formó todo el universo, dicha persona **tiene más FE** que todos aquellos que creen en Dios"

Gladiadores Religiosos. Cuidado con los Judaizantes Modernos

La temática tratada en este estudio es de gran importancia para el cristianismo, porque expone la sutil maniobra de personas que se introducen en las iglesias cristianas con el pretexto e enseñar sobre la cultura judía… pero al final lo que hacen es confundir a hermanos ingenuos con la consecuencia de hacerlos *caer de la gracia* al incitarlos a dejar de confiar en los méritos de Jesucristo, buscando ser justificados en las obras de la ley

El Ateísmo no tiene Fundamento

Sin importar lo que una persona crea o entienda sobre su existencia propia, la lógica y la razón le inquietan e impulsan a buscar respuestas al propósito de vivir; porque reconoce que su vida va pasando...

...Debido a que las preguntas básicas de la vida no tienen respuestas satisfactorias en el Ateísmo, los que se denominan "Ateos" han recurrido a la absurda negación de hechos comprobados; a promover fábulas disfrazadas como verdades científicas; y a hacer pretenciosas declaraciones sin fundamento, para tratar de calmar y silenciar la conciencia de todo el que pregunte por qué creen lo que creen.

ES UNA PODEROSA HERRAMIENTA PARA TODO CREYENTE;
Y UN RETO DECISIVO PARA TODOS AQUELLOS QUE BUSCAN CONOCER
LA VERDAD ABSOLUTA.

Made in the USA
Middletown, DE
25 February 2022

61815615R00066